自分に気づく心理学

幸せになれる人・なれない人

加藤諦三

PHP文庫

○本表紙図柄＝ロゼッタ・ストーン（大英博物館蔵）
○本表紙デザイン＋紋章＝上田晃郷

はじめに

結局人間は実際の自分に気がつかないことで、いろいろ苦労しているのであろう。この本では、こういう感情の動きをする人は、こういうことを自分に隠しているのではないかというようなことを具体的に書いた。

人間が自分にも隠さねばならない感情というのは、どれをとってみてもかなり重要な感情ばかりなのである。

生きるために基本的な感情でなければ、あえて自分にまで隠す必要がない。逆にいえばそれだけに隠された感情の発見というのは生きるために基本的なことなのである。

自分に気づくことは、自分の周囲の人に気づくことでもある。

自分に気づく日、それは自分が生まれ変わる日なのである。それはこの世への自分の誕生である。自分が変わるということは、自分をとりまいている世界が変わることでもある。

自分に気づく心理学◇目次

はじめに

人づきあいが苦しいのはなぜか

「甘えの欲求」は心の秘密をとく鍵である

不安なのは本当の自分が見えないからである

なぜかイライラしてしまう人は人生全体の方向が間違っている

人を愛し、人から愛される能力

自然の感情があなたをよみがえらせる

自分を大切にすることからすべてが始まる

人づきあいが苦しいのはなぜか

なぜ人はささいな事実にも傷つくのか

事実というのは、人によって全くその重みが違う。この一点をお互いに理解することで人間関係の私的なトラブルはどのくらい避けられるか分からない。

たとえば夫婦で、恋人同士で、いろいろないさかいをおこす。そしてお互いに相手がなんでそんなに怒ったか理解できないでいることが多い。

そのうちお互いに疲れてくる。相手を理解しようという気持も、理解してもらおうという気持もなくなってくる。そして長いいさかいごとのあとで、お互いがお互いの気持の中に閉じ籠ってしまう。

「この机、なんだか少しガタガタしているわね」「このお皿小さすぎる」「この車、色がどぎつすぎる」「あの車の方が大きい」「この手続きめんどくさい」「あの人の声が大きい」「この家道路に近い」「陽当りがわるい」……なんでもよい、どんな小さな事実でもよい。とにかくなんでもない日常生活のさまざまな事実は、人によって全く重さが違う。

それはある人にとって、どうでもいいことであるが、別の人にとっては自分の神経症的自尊心をひどく傷つけるものである。

その事実はある人にとって、言ったか言われなかったかも忘れてしまうような、無視できる事実である。しかし別の人にとっては、その小さな事実は胸にグサリとくる。そしてその人は耐え難いほど傷ついてしまうことがある。

ことにその事実が誰によって述べられるか、ということが重大である。よく結婚生活でのアドヴァイスに相手の親戚の悪口を言うな、というのがある。これなどもそのよい例である。

自分の親戚についての小さな小さな事実であっても、配偶者に指摘されることでひどく傷つくことがある。今、小さな事実と書いたが、これも指摘する側にとって小さな事実なのであって、指摘される側にとっては決して小さな事実ではない。

それは相手の友人の悪口を言ってはならない、ということについても同じである。今、ここでも「悪口」と書いた。しかし言う側は決して悪口として言っているわけではない。攻撃の意図など百パーセントない。

「あの人の家、お店を経営しているのでしょ」、という言い方をしたとする。その友人の家はたしかに喫茶店を経営している。しかし、言われた側が、傷つくことだってある。

言う側にとって、何でもない単なるひとつの小さな事実であっても、言われた側はそう受けとらない。言われた側は言われた側の価値観でその「単なるどうでもいい小さな事実」を受けとるのである。

それを言った側にとっては、大企業のサラリーマンも、スポーツの選手も、お店の経営者も同じであったとしても、言われた側は、それを同じと思っていないかも知れない。どちらの価値観が歪んでいるのか、あるいは両方の価値観が歪んでいるのかはべつとして、二人は同じ価値観ではない。

事実はその人の価値観を通してその人の心に達する。同じ事実はお互いの心に達した時、全くことなって感じられるのである。

高い自己評価を持ち、自尊心の健全な人はあまり傷つかない。しかし低い自己評価に苦しみ、神経症的な自尊心の持ち主は、驚くほど傷つき易い。そして健康な自尊心の持ち主にとっては、神経症的な自尊心の持ち主がどれほど傷つき易いかは想像をこえている。従って、いつも相手を傷つけながら、なぜ相手がそんなに怒ったり不愉快になるのか分からない。神経症的な自尊心の持ち主はいつもピリピリしている。

神経症的な自尊心の持ち主は、傷ついた時、次のようなことに注意すべきなのである。自分を傷つけた言葉、あるいは事実があるが、それは相手にとって、全くどうでもいいことであるからこそ、述べられたのだ、ということである。「相手はなぜそのことを言ったか？」「それはその事実が相手にとっては、ささいなことだからである」「そうであるなら、そのことで傷つくのは、自分の問題である」

このようなことを絶えず自分の心の中で会話してみることである。

また逆に、自分が得意になっていることで、相手が全然関心を持ってくれないというようなこともある。神経症的自尊心の持ち主にとっては、得意で自慢したいようなことでも、相手にとってどうでもいいことというのもある。

幼い頃やさしさに接しなかった人は人の好意が分からない

メランコリー親和型（うつ病前性格）の人は他人の拒否を恐れて善意に振舞うという。これと同じような間違いをしている人は案外多い。つまり、他人の拒否を恐れて自分のつよさを印象づけようとする人がいる。また同じく他人の拒否を恐れて、自分の弱さを印象づけようとする人もいる。

これらの人のどこが間違っているかというと、まず自分のつよさ、弱さを印象づけようとすることの動機となっている、他人から拒否されることへの恐れの点である。

つまりそれらの人は他人から拒否されることを恐れる必要がないのである。多くの神経症的な人は拒否される可能性がないところで、拒否されることを恐れて自分のつよさ、弱さを印象づけようとしている。

自分の弱さを印象づけようとするのは、自分は保護されるべき人間であると言いたいのである。弱さを印象づけることで、自分を責めないでくれと訴えているのである。自分というありのままの存在の許しを訴えているのである。

しかし神経症的な人が感じているほど、周囲の人はその人を責めてはいない。人間というのは、小さい頃責められると、大人になっても自分はいつも責められているような気持になる。小さい頃親の手伝いをしないと責められ、手伝いをするとほめられた人は、大人になっても、自分が疲れて何かをしないでいると責められているような気持になる。

そこで、自分は疲れているということを訴える。それは自分を責めないでくれ、自分が今何もしないでいることを許してくれ、ということを訴えているのである。

小さい頃周囲のやさしさに接することのなかった人は、他人の善意とか好意とかいうものを信じられないのである。さらに問題は、自分はやさしさに接したことがないということに気がついていない。

神経症気味の人は、自分は育つ過程で何が欠如していたかということを意識できないでいる。やさしさに接し、やさしさに気づき、はじめて、自分はこのように他人から接してもらったことがないと気づく。

従って神経症気味の人というのは、自分が何を味わっていないかということを知らない。そしてこれに気づくことは大変なことである。なぜなら、たとえ大人になってやさしさに接しても、それをやさしさと理解できないからである。

小さい頃に甘いものを味わったことがない人でも、大人になって甘いものを食べれば、すぐにその味を理解できる。しかし心理的なことはそのようにすぐに理解できるものではない。

他人のやさしい気持に接しても、それを誤解する。相手の真意を理解できない。ああ、今まで自分はこんなものを味わったことはなかったなと気づかない。それを違ったものと理解するからである。

今までの自分のモデルで相手を理解する。大人になるまでにすでに他人の言動を理解する枠組ができてしまっている。そこで今まで自分が味わったものの分類のどこかにそれを位置づけてしまう。

神経症的自尊心の持ち主は、たとえ大人になってからでも、日々味わったことのない人々の気持を自分は味わう可能性があるということを知っておいたほうがよい。自分の今までの分類表の中に、他人の言動を位置づけていかないことである。

この世の中には冷たい人もいれば、温かい人もいる。冷たい人とばかり接して生きてきた人は、気持の温かい人に接しても、冷たい人として反応する。自分が冷たい人に対するのと同じように反応すれば、相手は自分にとってはやはり冷たい人なのである。

周囲の期待ばかり気にしていると本当の自分が抑圧される

自分がやりたいことをやらないでおいて、不満になる人がいる。周囲の人がその人に何も禁止していないのに、勝手に禁止されていると感じてしまうのである。

ある一日がすぎていく。その人の周囲の人はその人が怠けていようが、食べようが、働こうが、眠ろうが、釣りにいこうが、勉強しようが、その人の好きにすればいいと思っている。

しかしその人は自分のしたいようにしない。こうしたら周囲の人に気にいられるだろうというようなことをする。周囲の人が決してその人に期待していないような行動を期待されていると感じ、そのように行動する。

実際に周囲の人がその人に期待しているのは、その人がしたいようにすることである。しかしその人は周囲の人に勤勉であることを期待されていると思い、その期待にこたえることで気にいられようとする。

そして自分のしたいことをしない。しないでおいてやはり不満になる。その人は周囲の人の期待を勝手に誤解し、勝手に不満になっている。しかもその不満はつみかさなることによって、憎しみや敵意にまで発展していくことになる。

憎しみは抑圧される。抑圧された憎しみは投影される。つまり周囲の人は自分に悪意を持っていると感じだす。そしてその悪意を避けるために、いよいよ周囲の人の期待にそおうと努力する。

しかしその努力はすべて的はずれなものでしかない。そもそも期待そのものを誤解しているのだから。

さらに基本的に誤解がある。自分が他人に気にいられるためには、他人に特別に何かをしなければならないという誤解である。何もしなくたって周囲の人は自分に好意を持っているというケースを想像できない。

勝手にあることを期待されているとかんちがいし、その期待にこたえなければ、ダメな人間と思われると、勝手に決め込んでいる。そんなこと期待もされていなければ、そのことをかなえなくたってダメな人間とも思われないというのが実際である。

そのようなことができなければダメな人間であると思っているのは、ほかならぬ自分なのである。自分が思っているように他人も思っていると決めてかかっている。

小さい頃自分の周囲の人が自分に期待したことと同じことを、大人になっても周囲の人が自分に期待していると思うのは間違いである。このことに気づくだけで、どれだけ救われるか分からないのである。

小さい頃自分の気持が周囲の人に理解されなかった人は、大人になっても理解されないという前提でものを考えがちである。だからこそ、ことさら自分のことを訴えるのである。またそれだけに言い訳がましくもなる。理解されないと思うから、いろいろと理由をつけて言い訳するのであろう。

あなたの周囲の愛すべき人、憎むべき人

多少極端な言い方になるが、神経症的な人は、人とふれあって生きてこなかったのである。だからふれあうということが理解できない。

そして、自分はふれあいの体験がなく生きてきたということにも気づいていない。しかしふれあいという言葉は知っている。そこが問題なのである。するとどうなるか、心のふれあいではない体験をふれあいと誤解する。そして自分は今までふれあいの体験を欠如してきたということに気がつかなくなる。いつのまにか寒々とした家庭を愛につつまれた家庭と理解するようになる。これは恐ろしいことである。

もし自分が言葉の意味するところの心のふれあうような家庭で育っていれば、神経症的になることなどどうして考えられようか。神経症になってしまったということは、愛という名の憎悪、温かさという言葉の冷たさ、思いやりという名の敵意のなかで育ったということではなかろうか。

父親でも母親でも姉でも兄でも、誰でもいいから誰か一人でも他人を理解する能力を持っていたらあなたは救われていたかも知れない。しかしあなたの周囲には、おそらく思いやりのある人は一人もいなかったのであろう。

あなたがわがままを言って誰か受け入れてくれたであろうか。子供の本性はわがままなのである。それなのにあなたは一切のわがままを自分に禁じた。それは周囲の人が禁じたからである。それを禁じなければあなたは拒否されたからである。

ところが不思議なことに、あなたは今、あなたを理解することなく、あなたをもて遊んだ人を憎んではいない。逆にあなたを理解し、あなたに温かさを与えてくれるような人を憎んでいたりする。

心の病んだ人というのは、憎むべき人を憎まず、逆にその人々に罪悪感などを抱いたりする。憎んでもいい人に対しては善意の人となったりする。憎んでもいい人に対しては冷たくなれない。冷たくすると、今述べたように罪悪感などをおぼえるからである。

それでいて、自分を理解し、思いやりのある配偶者や恋人などを憎んでいたりする。本来憎んでいい人達の、ほんのわずかの親切を裏切ることに罪悪感を持つくせに、自分に思いやりのある人の真心は、どんなに裏切っても罪悪感を持たない。

それは寒々とした家庭から心理的に独立していないからである。自分を理解することのない冷たい人々を悲しませるようなことをほんの少しでもすれば、それには心が痛む。しかし実際にはその人々は悲しんでさえいないのである。

冷たい人々の期待にこたえられなければ罪悪感を持つのは、その冷たい人々にいまだ心理的に依存しているからである。その神経症の人間にとって残念ながら、その冷たい人々が重要なのである。

人間が期待にこたえられないといって悲しむのは、その人々が自分にとって重要だからである。その人が冷たいからでも温かいからでもない。その人が理解力があるからでも、ないからでもない。

人間は相手の人柄と関係なく、ある人に心理的に依存する。だからこそ心の冷たいウソだらけの人の好意を得ようと必死になり、心の温かい人を奴隷のように使ったりするのである。

所有欲のつよい我執の人に心理的に依存してしまっている人は悲劇である。この人は自分が心理的に依存している人から永久に愛されることはない。そして愛されることも、温かさに接することもないから、いつまでたっても依存心を克服できない。

憎むべき人を憎んでいない人は、大切にすべき人に冷たくしているに違いない。

生真面目な人は本当に愛されない

その人の保護なしに生きていけない人のご機嫌をとらなければならない人は、甘えの欲求を満たすことができない。その人の保護なしに生きていけない人の機嫌を気にすることなしに幼少期をすごせた人は幸せである。そういう幸せな幼少期をすごせた人は、情緒的に成熟することができる。

人間は安心感がなければ甘えることはできない。見捨てられる不安がある限り人は甘えることはできない。俗にいう手のかからない子、よくお手伝いをするよい子はいつも見捨てられる不安があったのである。あるいは自分を保護してくれている人のご機嫌をいつも恐れていたのである。遊んでいる時も、お手伝いをしている時も、食事をしている時も。

甘えることのできなかった子は、そのまま生真面目な大人になっていくことが多い。生真面目にしている限り、周囲の好意が期待できるからである。生真面目な大人は、甘えたくても甘えを表現できないで、いつも他人に対して気がねしていることが多い。

それは今述べた如く、生真面目な大人には安心感がないからである。彼らは対人関係において安心感がない。依存心がつよいから周囲の人の好意を必要とする。しかし自分の甘えを表現したら、その好意を失うと思っている。だから甘えを表現できない。

この人は自分を見捨てることがない、という安心感を持った時、人は甘えを表現する。だが、甘えることはみっともないことと、生真面目な人は思っている。そして相手に見捨てられたくなければないほど、その甘えの表現をさしひかえる。

欲求と規範の対立のなかで、欲求はよくないこと、みっともないこと、はしたないこととして抑えられ、規範はよいこと、立派なこととして従おうとする。生真面目な人が規範に従うのは、それによって周囲の好意を得ようとしているからである。

ところが、これが表面的な付き合いしかしてこなかった生真面目な人々の悲劇なのである。たしかに表面的な付き合いにおいては規範に従い、控え目な人々のほうが好感を持たれる。

しかしこれはあくまで表面的な付き合いの間柄においてである。このように自分の本質を表現しないでいると、深い付き合いにはいたらない。表面的な付き合いにおいては好意を持たれ、信用されるが、それもあくまで表面的にものごとを処理していくことについての信用でしかない。本当に人間として、自分の人生においてかけがえのない人として信用されているわけではない。

言葉はわるいが、男女の関係でいえば浮気の相手として都合よいという程度の好意、信用なのである。この人とは浮気ではない、本気だ、というような真剣な好意や信用ではない。

いくら甘えの表現を自らに禁じて、生真面目に振舞っていても、それはお茶を飲む程度の信頼でしかない。この人と結婚しよう、この人と生涯をともにしようというような気持に相手をさせるのは、生真面目なだけの振舞いではない。

同性の付き合いでも、その好意というのはその場限りのものであり、信頼もその場限りの信頼でしかない。そしてたしかにその場限りのものである限り、規範に従った振舞いが最も安全である。しかしそれでは何年付き合っても「あいつとおれとは」というような関係にはならない。

甘えの欲求が激しいにもかかわらず、甘えを自らに禁じて生真面目に振舞っている人間には、人間としての魅力がないのである。どうしようもなくひかれるというところがない。同性にしろ異性にしろ、いつでも別れられる人間でしかない。

自分の人生に意味を与えてくれる人、自分の今までの生き方に反省をもたらしてくれるような人、今までのものの見方を変えさせてくれるような人、新しい人生が開けてくるように感じさせてくれる人、それは単に生真面目な人ではない。

甘えの欲求が満足されて、真面目にしている人は、そんなに他人のことに気がねしたりしないし、この人々には人間としての魅力がある。人間としての魅力というのは、相手に確かさを感じさせるということであり、その人がいるというだけで意味を与えてくれるということである。

問題は甘えの欲求が満たされず、心の底の底では激しく満足を求めているにもかかわらず、それを誰に対しても表現できないでいる人である。この人は皆から表面的には信頼されるが、誰からも心の底からは信頼されない。

外づらのいい人というのは外では甘えの欲求を表現していない人である。同時に内づらのわるい人というのも同じである。内でも決して甘えの欲求をストレートに表現しているわけではない。

内で不機嫌になってしまうのは、外より内のほうが心の底の甘えの欲求に動かされているからである。外より内のほうが安心する。しかしそれはあくまで「外より」ということであって決して本当に安心しているわけではない。

本当に安心してはいないが、外よりは防衛的でなくなっているので、甘えの欲求がより意識される。しかしこの甘えの欲求をストレートに表現できない。

それだけに欲求不満が外よりも意識される。外にいる時よりも何か面白くない。それだけ不満が感じられる。

しかし素直に甘えの欲求を表現できない。そこで妙な理屈をつけて怒ったり、正義の仮面をつけて家の者を責めたり、どうしようもなく黙ってしまったりする。

いつも他人から責められているような気がするのはなぜか

甘えることの反動形成がうつ病的性格なのである。甘えることを抑圧した結果、それが他人に投影される。つまり他人が自分に実際には何も要求していないし、期待していないし、責めてもいないのに、要求され、期待され、責められているような気持になってしまう。

甘えるということはそもそも要求することなのである。何々をしてほしいということがその本質であろう。こうしてほしい、ああしてほしいという要求である。そしてそのように相手が動かなければ相手を責める。相手が常に自分の期待通り動くということを求めているのが甘えである。

そのような甘えの欲求をよくないこととして抑圧する。ユングのいう通り抑圧されたものは投影される。他人の中にその抑圧したものを見出そうとする。

実際は自分が甘えているのに、他人が自分に甘えていると感じる。心の底では他人を責めているのに、他人に責められているような気持になる。他人の中に見出す甘えの要求に自分を従わせていく。

その結果は激しい欲求不満である。その不満は敵意にもなる。欲求不満から攻撃的になるが、その攻撃性もまた表現することができない。

甘えの欲求も、欲求不満も、攻撃性も、それら一連の関連した感情がすべて表現されない。この敵意の抑圧こそ、他人と共感することを妨げるのである。

日常生活で何かあった時、一緒になって「ああよかったね」とか「ああ残念だったね」とか言うこともできない。

分裂病者は共感能力がないという。これも彼らの心の底に抑圧された敵意が大きく影響しているのであろう。うつ病者も心の底に敵意を抑圧しているといわれている。だからこそ他人と心からの信頼関係を結ぶことができないのである。

神経症的傾向の人間も同じである。敵意の抑圧がある。そしてその抑圧された攻撃性が投影される。

日常生活で単純な事実を言うと、それを自分に対する攻撃と受けとる人は多い。夫婦、恋人でもよくそんなことがある。男性の側がよく「お前は文句ばかり言う」と怒る。しかし女性の側は文句を言っているつもりは全然ない。

「これがもうちょっとこうなっていれば便利だったのに」、「あの人の持っているあれはとてもよさそうなのに」とかいう単純な事実にふれること、あるいは単純な希望を述べること、それらのことが男性側には文句と感じられる。

何でもない大人の会話なのに、それが自分に対する攻撃と感じられる。そこで「自分はこんなに努力しているのに、なんで……」という気持になって逆に怒りだす。

私の父なども多少極端に言うと、内ではほとんどまともな会話ができなかった。何を言っても「またそういう文句ばかり言う」と怒りだすからである。その「またそういう文句ばかり言う」ということは、そんなわがままはいけないということであり、正義の仮面をかぶっている。

そして、この抑圧された敵意が正義の仮面をかぶって登場するとしつこい。いつまでもいつまでも相手を責めさいなむ。

正義や道徳の仮面をかぶった他者への攻撃

よく奥さん方からの人生相談で多いものに、夫のこのしつこさがある。「うちの人は、何で怒りだしたのだか分からなくて、いったん怒りだすとグチグチと夜中の二時、三時まで私を責めさいなむのです。もうノイローゼになりそうです」という相談である。

その奥さんは単純な事実を言ったつもりなのである。このテーブル少しガタがきたわね、というようなことかも知れないし、今朝、車のエンジンのかかりがわるかったわという報告かも知れない。しかしそれを自分に対する不満と夫は受けとる。

実際には夫に対する不満でも何でもない。実際には不満でなくても、夫の側がそれを自分に対する不満と感じとってしまうのである。つまり妻の中に自分に対する不満を見出す。

問題はそこである。相手の中に自分に対する不満を見出すが、それは実在していないことが多い。実はそれは自分の相手に対する不満を抑圧しているのである。そしてその抑圧されたものは投影される。つまり相手は自分に不満でそのようなことを言っていると感じてしまう。

ことにこれは外づらのいい夫に多い。奥さん方が悲鳴をあげるのもそれである。隣の奥さんや、会社の人には、それはそれはいい顔するんですよ、と嘆く。

それはその男性が身近な人に甘えたがっているという証拠でもある。ところがその甘えを抑圧してしまう。自分に対する不満を持っているように感じてしまう人というのは、心の底で甘えたいと思っている人でもある。

しかしいったん甘えの欲求を抑圧してしまうと、結果として相手に対する攻撃性をも抑圧してくることになるので、いよいよ甘えることが難しくなってしまう。お互いにうまくいかなくなってしまっているのに、かといって別れられないでいる夫婦にはこのような悪循環におちいってしまっている夫婦が多い。

親子関係が清算されていないと、恋愛はうまくいかないということはこのようなことでもある。つまり幼児的な甘えの欲求は、本来親子関係のなかで解消されているべきものなのである。

ところが不幸な親子関係しか持てなかった者は、この甘えの欲求を二十歳、四十歳、六十歳、はては八十歳まで心の底に持ちつづける。そして二十歳、三十歳、四十歳、六十歳になって幼児的な欲求をそのまま表現することには抵抗がある。

三十歳になって結婚して、一人前の社会人として働いている男性は、幼児的な欲求を直接表現できない。それに対する抵抗は甘えの欲求と同じく大きい。

そこで間接的に表現されたり、正義とか道徳とか社会的に受け入れられるものの仮面をかぶって登場したりしてくることになる。それが身近にいる周囲の人間にとっては耐え難いのである。

もし身近な人の言うことが「文句ばかり」と感じたら、それは自分の側の心の問題ではないかと一応は反省してみる必要があろう。つまり、その「文句ばかり」言う人に対して自分は甘えの欲求を抑圧しているのではないか、ということである。

本当は幼児が母親に扱われるように、自分もその身近な人に扱われたい、しかしそれはすでに恥ずかしい。恥ずかしいけど、心の底ではそれを望んでいる。自分の中には眼をそむけたいような願望がある。

小さい頃満たされてしまえば何のはじらいもなく直接的に満たされたのであるが、ある年齢に達したために満たされること自体が恥ずかしくなる。

従って、恋人なり配偶者なり、身近な人に「こう」扱ってもらいたいが、同時に「こう」扱われることは許せない。そこで間接的に欲求を満たそうとするから、妙な理屈をつけてきたり、相手にからんだり、理想や正義を持ちだしてみたり、いろいろと自分のやろうとすることを弁護しなければならなくなる。

尽くすというかたちでしか他者と付き合えない人は不幸である

近くなりすぎると傷つけあうようになるというのは一般的な人間関係論ではない。幼児的な甘えの願望をつよく残している人にとっては、近くなりすぎた関係は傷つけあう関係になる、と述べたほうが正確であろう。

幼児的な甘えの欲求をつよく残していると、近くなってきた人に対しては、「こう」扱ってもらいたい、「こう」見てもらいたい、自分のことを「こう」思ってもらいたいという気持がでてくる。大切なことはその気持の中に要求が含まれてくることである。外の人に対するような迎合的な態度がなくなってくる。

外の人に対して、つまり遠い人に対しては、相手の意にかなうことで気にいられようとしていたのが、近くの人になると自分を「こう」扱えという要求に変化してくる。そして自分を「こう」扱えということが甘えの欲求なのである。「こう」の内容が甘えなのである。つまり自己中心的で皆が自分のことをチヤホヤしてくれることである。

いずれにしろ、身近な人に対して愛憎いりまじった両極的な不快感を持つ人は、自分の心の中の甘えの欲求を意識化することである。

心理的には甘えの欲求の反対は恩着せがましさである。甘えの欲求とは、相手が自分を「こう」扱えという自分の側の相手への欲求である。恩着せがましい人というのはこの逆である。

相手が自分に「こう」要求したから自分は「こう」したというのが、恩着せがましい人間の姿勢である。そう主張することによってその人間関係において、自分の側の恩恵を相手に印象づけようとする。

その人間関係において自分の価値に自信がないけれど、その人間関係は自分にとって重要であるという時に恩着せがましくなる。恩着せがましい人間は自分の側の恩恵を一方的に強調するので、相手にとっては不快であるが、実は心の底で自分の価値に自信がないのである。

自己無価値感に苦しんでいる人が恩着せがましくなる。ところが甘えの欲求を表現できる人はこの逆なのである。相手との関係において自分の価値に自信がなければ甘えの欲求を表現することはできない。

相手が自分に対して好意を持っているという自信があってはじめてその人に甘えられるのである。自分は相手にとってかけがえのない存在であるという自信があってはじめて、相手に対して甘えの欲求を表現できる。

生真面目なうつ病前性格者などが、小さい頃愛情欲求が満たされていないことなどはよく分かる。だからこそ彼らは相手の好意にとっぷりとつかれないのである。尽くすというかたちでしか相手との関係を維持できないというのは、甘えの欲求の反動形成である。尽くすというかたちでしか相手との関係を維持できないうつ病者的な人は、心の底では本当は尽くしてもらいたがっているのである。

尽くすというかたちでしか相手との関係を維持できない人ほど、人から尽くされたいと激しく欲しているのである。これほど尽くされたいと望んでいる人はいないであろう。

彼らは決して心の底から尽くしたいわけではない。逆に心の底から尽くされたいと望んでいるのである。反動形成として相手に尽くしているからこそ、心のこもった尽くし方ができないのである。

尽くすというかたちでしか他人との関係を維持できないうつ病前性格者が、心の底の底で望んでいるのは、いわゆる「ひも」である。しかし彼らは意識のレベルにおいて最もこのようなことを軽蔑している。

うつ病前性格の執着性格者などが不断の緊張にさらされているのは、この心の葛藤からなのである。自分が心の底で最も激しく望んでいるものを、意識のレベルで最も激しく拒否しているからこそ、持続的に不安な緊張に悩まされるのである。

「甘えの欲求」は心の秘密をとく鍵である

執着性格の人は甘えの欲求を抑圧している

甘えの欲求を満足させるためには、自分には相手の好意を受ける当然の資格があるという感じ方ができることが条件である。相手の好意を心苦しく感じるようでは、甘えの欲求が満足されることはあり得ない。

相手が自分のためにいろいろしてくれることを申し訳ないと感じるようでは、その人がどんなにいろいろとしてくれても、甘えの欲求は満たされない。

言葉としては不適当であるが、相手は自分に何かをすることを義務と感じ、自分はそれを権利と感じているということがあって甘えの欲求は満足される。もちろん権利とか義務の問題ではないが。

つまり相手が自分に何かをしてくれることに気がひけないということがあってはじめて、人は甘えられるのである。恩着せがましい親がいかに子供の甘えの欲求を封じているかということは恐ろしいほどである。だからこそ子供に感謝を要求する父親は最低の父親なのである。

甘えることが可能かどうかということは、自分の欲求に対する相手の対応の仕方にかかっている。相手は自分に迷惑をかけられることを決して嫌がっていないということが感じられてはじめて甘えの欲求が満たされる。

自分達の関係はそういう関係なのだということがあってはじめて甘えは可能である。なぜそうなのか、という疑問がわいてこないことが大切である。自分はそういうかたちで相手を所有していることに何の疑問も感じないからこそ甘えられる。

それを恩着せがましい父親のように、いちいち感謝を要求されたら、甘えるどころではない。また「ママのこと好き？」ときく母親が最低の母親だとニイルがいうのも当然であろう。

甘えの欲求を満たす側が「好き？」ときくのであって、きかれる側は甘えられない側である。

具体的に何かをしてくれるかどうかということも甘えの欲求にとっては大切だが、それ以上に相手が自分の甘えの欲求に対してどのような感じ方をしているかということが大切である。

たしかゲーテの言葉であったと思うが、「十万円を恩着せがましく与えるより、気分よく一万円あげたほうがよい」というような主旨の言葉があった。

甘えている者にとって大切なのは具体的に何か好意が与えられることであるが、さらに大切なのは、具体的な好意が与えられなくても、相手がそのことで自分のことを可哀そうだと思って心を痛めていると感じられることなのである。

甘えるということは無責任な状態ではじめて可能である。つまりもろもろの責任は相手にあるので、自分の側にはないということである。ある自分の欲求を満たすのは、自分の責任ではなく相手の責任であると感じている者が甘えている者なのである。

自分の欲求が満たされないことについて相手が申し訳ない、ごめんなさいと感じていると思えてはじめて、その人は甘えているのである。これは自分の存在についての責任放棄である。

責任という心理的負担から解放されている人が甘えられる人なのである。だからこそ小さい頃甘えの欲求が満たされず、そのまま心の底にその欲求を抑圧して、責任という心理的重荷を背負いだした大人が心理的にいろいろ問題をおこすのである。

大人とは自分の存在に自分が責任を持つ人である。社会はある人を一人前としてあつかうが、それは同時にその人にその人の責任を追求するということでもある。自由と責任というのは大人の条件である。

しかし甘えとは自分の存在について相手の責任を追求することである。自分の存在について相手が責任を持つことを求める心理が甘えの心理である。自分について何かうまくいかない時、相手の責任を追求するのが甘えている人間の行動である。なんで自分の思う通りにいかないのだ、なんで自分の期待する通りにしてくれないのだと相手に怒ることが甘えるということである。

甘えの欲求が満たされず、甘えを抑圧して大人になった執着性格の人の心理について考えてみよう。彼は表面生真面目で、社会的にはよく適応している。他人の期待をかなえようと努力する。何かうまくいかないことがあると他人を責めないで自分を責める。

しかし、このように規範意識の肥大化している彼の心の底の底はどうなっているであろうか。甘えの欲求を抑圧しているということは甘えの欲求がないということではない。本人が自分で眼をそむけているだけの話である。

彼は意識のレベルでは自由と責任の主体である。しかし心の底の底では、自分の存在の責任を相手に感じてくれと求めている。意識のレベルでは自罰的であるが、無意識のレベルでは他罰的である。

彼が心の底から満ちたりるのは自分の責任を自分がとった時ではない。自分の責任を他人がとってくれた時である。つまり彼は社会的に大人になった後では、心の底から満ちたりるということが決してないのである。

これが彼の持続的に不安な緊張の原因であろう。自分の存在の責任をとってくれ、自分の欲求を満たすのはあなたの責任なのだ、というのが彼の本音である。彼は社会的には立派な大人であるが、心の底では子供のように無責任になりたいのである。


そして無責任である時にのみ、心の底から満足できる。

執着性格の特徴のひとつとして、よく責任感がつよいというのがあげられる。これなども甘えの欲求を抑圧したことの反動形成と解釈できる。規範意識の肥大化なども、甘えの特徴としての無規範的願望を抑圧したための反動形成とも解釈できよう。


それが他人によく思われたいという目的とも合致して、あのような性格ができあがってきたのではなかろうか。

だからこそつよい責任感といっても、これ見よがしの責任感であって、本当に責任をとろうということではない。

「甘えの抑圧」というのは、現代人の危機を見る時のひとつの重要な視点ではなかろうか。

〝気がひける〞行為が実はあなたが本当に求めているものである

ニューヨーク・タイムズがある年最も重要な本と評したロロ・メイの『愛と意志』という本がある。そのなかでロロ・メイは現代人の性にふれている。オルガスムを達成しようということが不安なまでに強調されていることと、相手を満足させようとすることにものすごい重要性がおかれていることを述べている。

もとの文を書くと、…the great importance attacked to "satisfying" the partner. である。なぜそこまで相手を満足させることに重要性をおいてしまうのか。その結果、性が心理的な負担となる。

それはひとつには甘えの抑圧があるからではなかろうか。性に限らず心の底では自分が相手によって満足させてもらいたいのではなかろうか。ところが、その甘えをよくないこととして自分の中から排斥する。つまり抑圧する。

その反動形成として、自分が相手を満足させねばならないという気持にさせられる。そして満足させようと努力する。さらにこの抑圧は相手に投影される。つまり相手の中に、満足させてもらおうとする姿勢を見つける。その相手の姿勢と願望にこたえようとする。それがロロ・メイの書いた the great importance attacked to satisfying the partner. ではなかろうか。これは性ばかりではなく欲求一般についても言える。

つまり相手を満足させようとすることが、情緒の成熟の結果としてでてくるのではなく、抑圧の結果としてでてくる。

与えようという姿勢、与えることで満足するということは情緒的成熟をあらわす。しかし情緒的成熟の結果としてでてくる〝与える愛〟は心理的負担を伴うものではない。

ところが相手に与えよう、相手を満足させようとすることが、与えられたい、満足させられたいという欲求の抑圧の反動形成としてでてくる時は、心理的負担を伴う。あるいは自分の無能力感の補償としてでてくる時には心理的負担を伴う。

つまりそれらの時には当事者は心理的に焦り、ストレスを感じ、自分の持っている能力を発揮することができない。そして何よりも彼らは不安である。

情緒的に成熟した結果として与えることに喜びを持った人は、不安からは解放されている。焦ることもなければ、相手を満足させられなかったらどうしようなどと不安になることは決してない。相手の満足との関係で、自己評価が上がったり下がったりということもない。相手と関係なく自己適格感というものを持っている。

抑圧の結果として相手に与える人というのは、プレッシャーのもとで相手に与える。それは与えるべきこととして処理される。

また情緒の成熟の結果として与えることに喜びを感じるようになった人は、他人の好意をもまた喜びをもって受けとる。ところが抑圧の結果として相手に与える人というのは、他人の好意に気がひけてしまう。

なぜ他人の好意に気がひけてしまうのか。気がひけるとは不安になることである。落ち着かなくなることである。

相手の好意に接して落ち着かなくなるのは、心の底の抑圧に気がついてしまいそうになるからである。心の底では相手の好意を求めている。ところがいろいろの経過から甘えの欲求は抑圧されている。

つまり気がひける好意というのは自分が心の底では求めているものなのである。しかしその反動形成として自分の性格ができあがっている。

自分は生真面目で、遠慮がちで、ひかえ目である。いつも他人に気がねしている。これらの性格は防衛的性格である。自分を守るための性格である。

ところが他人の好意に接すると、心の底で求めているものだけに、この防衛的性格がこわれてしまうのである。自分がつくりあげた防衛的性格がこわれてしまいそうになるので、他人の好意に接すると落ち着かなくなるのである。

相手の好意はその人に実際の自分を気づかせる危険を持っている。だからこそ好意に接すると落ち着かないのである。せっかく眼をそむけて生活しているのに、そのかたまった性格がこわれてしまいそうになる。だからこそ時に相手の好意に接する機会を避けようとさえする。

それに対して情緒的に成熟した人は、他人の好意を「ありがとう」と素直に受けとり、喜ぶ。決して好意に接して落ち着かなくなるなどということはない。

達成感と不安感

ところでロロ・メイが指摘したもうひとつの点、達成感を異常に強調する、というところはどこからくるのであろうか。

the anxious overemphasis on achieving the orgasm.

おそらく心の空虚さが直接の原因であろう。人間にとって心の空虚さから眼をそむけさせてくれるものが達成なのである。

そして達成にも不安が伴う。性ばかりでなくこのことも一般的に言えることだろう。

充実した一日にしようと焦るのも基本的に心が空虚だからである。ひとつひとつのことを達成することで心の空虚を埋めようとするから、達成しようと焦るのである。

心の空虚が深刻であればあるほど、その埋めあわせには大きな達成が必要である。それは仕事の達成であれ、勉強の達成であれ、性の達成であれ、レジャーの達成であれ同じことである。

とにかく大きなことを達成することが、深刻な心の空虚から眼をそむけるためには必要なことである。

うつ病的な執着性格者は疲れても仕事から離れられず、休養がとれない。それは仕事から離れると不安だからである。なぜ不安なのか。

それは仕事から離れると心の空虚さに直面してしまうということがひとつの原因であろう。仕事を続けて次々にいろいろのことを達成していくことで心の空虚から眼をそむけていかれるのである。

仕事にしろ性にしろ、不安なものにとっては同じである。達成しなければ意味がない。なぜなら達成のない仕事や性は心の空虚を埋めてはくれないからである。むしろそれらは時間のロスでしかない。従ってそのような事態になればいよいよ焦ることになる。

仕事をしていないと不安だから仕事をしている人間は、心の底では決して勤勉なわけではない。

ところで心はなぜ空虚になるのであろうか。それを一言で表現するのは難しい。孤独だからと言っても正しいだろう。ただここでは抑圧の結果だと言っておく。

孤独と空虚はたしかに背中あわせである。しかしなぜ人が他人と親密になれないか、となればやはりその人が実際の感情を抑圧しているからであろう。

人は自分の自然の感情で生きることができれば、そう心の空虚さに苦しむこともないであろう。自然の感情で生きられず、つくられた感情で生きるから、生きていることに意味を感じなくなるのである。

そして仕事や性の達成に救いを求めるようになる。疲れても仕事から離れられず、休養のとれないような人は、自分がどこで自然の感情を見失ってしまったか、反省してみることである。

なぜ普通の人が、仕事から離れても不安ではないのに自分は不安になってしまうのか、その疑問から出発することである。

あなたは自分の自然の感情に罪悪感を持っている。だからつくられた感情を脱することができないのである。

甘えを抑圧したことで、自然の感情で生きられなくなり、その結果心は空洞化してしまった。だとすればいろいろな領域で次々に何かを達成することで生きようとするよりも、自分の自然の感情と、何とか接触しようと心がけることであろう。

人間というのは実に難しいものだと思う。外側からの束縛がとれれば、それがすぐに直接人間の生を素晴らしいものにするかというと決してそうではない。

解放された性に脅える現代人

たとえば性が社会的に解放されるに従い、それは内的には負担となっていった。外側の規制がとれればとれるほど、内的にはストレスがつよまっていった。

男性も女性も、自分がいかに素晴らしいかを相手に証明しなければならなくなったからである。そしてそれは同時にお互いにテストされるという心理的負担になった。人々はこのテストに合格しなければならなくなった。かくて男性の不能や女性の不感症が大きな問題となってくる。

お互いに親しさの結果として性的関係にはいるのではなく、自分の男性性、女性性を示すために関係を達成しようとする。もともと心にみぞのある神経症者などは、性的達成を通して親しい関係を確立しようとする。つまり結果ではなく手段なのである。

相手と親しくなれない神経症者にとって当然これは心理的負担となる。もともと他者との心の交流がうまくいかない神経症者にとって、性は心の障壁をのり越える手段なのである。それだけにこれに失敗することはできない。

神経症的傾向の人間同士は、お互いに心の底で拒否しあっている。異性間であれ同性間であれそれは同じである。しかしお互いに心の底で拒否しあっていることを認めたくない。親しいのだと確信したがっている。お互いにひかれつつ拒否しあっているという両極的なことが多い。

このお互いの心の底の拒絶をのり越える手段が性の達成である。お互いに心の葛藤に苦しみつつ無意識のレベルで拒否しあっている以上、男女ともにこの企てに失敗することが多い。

それは人間は無意識に支配されるからである。無意識のレベルでの拒否が、お互いの広い意味での欲望の達成の障害となる。お互いに心のみぞから眼をそらそうとして性を達成しようとしているのである。性の達成に成功すれば心のみぞから眼をそらすことに成功することになる。しかし事実としてお互いの心の間には深いみぞがある。

これは同性についても同じである。あるいは性的関係を意識しない異性間についても同じである。

うつ病的人間が他人と対立できないなどというのがこれである。お互いに、あるいはこちら側から一方的に、心の障壁がある。だからこそ表面的に対立することを避けようとするのである。

心の底で相手と対立しているからこそ、表面で対立することができないのである。心の交流がなされていれば、相手と意見その他で対立することは決してこわいことではない。自分を守るために自分の周りに壁をつくっているからこそ、相手と対立することができなくなってしまうのである。

自分の心が他人にむかってひらかれていれば、相手と違った感じ方を述べることも、意見の違いも、利害の対立もそれほど重大な問題ではない。

相手と心が通じあえず心が空虚だからこそ、相手と対立できず、自分が折れることで人間関係を処理し、仕事や性で次々に達成する努力を続けなければならない。

しかしおおかたこの努力は失敗する。あるいはもはや努力を続けられないほど消耗する。それがアパシー（無気力）である。

神経症的現代人に求められているのは、それぞれの人生で自分の努力の方向を修正することである。

次々にものごとを達成している時に、人生うまくいっていると感じるよりも、人々と親密になれた時自分の人生がうまくいっていると感じて気持が落ち着くようになれば、成功である。

自分の時間が、何事をも達成することなくすぎていっても、人々と親密になれたということだけで満足できるようになれば、努力の方向が間違ってはいなかったということである。そのような方向で努力するならば、消耗してアパシーになることもないであろう。

アパシーにおちいる人というのは、すべてが達成の対象になってしまった人なのである。休息すらもが、達成の対象になってしまっているのである。

休息するかしかないかが問題ではなく、いかに効率よく休息するかが問題になっている。そして短時間により効果的に休息できれば、休息に成功したことになる。それはまさに休息の達成である。

仕事の達成も休息の達成も、意識の構えとしては同じなのである。仕事にむかう時も、休息しようとする時も意識の構えは同じである。従って仕事と同じく休息にも成功と失敗がある。

休息に失敗したというのは、全然休息できなかったということよりも、効果的に休息できなかったということである。仕事がうまくいかない時イライラするのと同じように、休息がうまくいかないとやはりイライラする。たとえば睡眠である。横になっていてなかなかグッスリと眠れなければ、イライラする。

ベッドに横になっていて気分がよい、ということはない。快適に時がすぎていくという満ちたりた気分はない。なぜなら休息も達成されなければならないからである。さきに性についての達成について述べたこともこれと同じである。

中途半端な達成感は人をいらだたせる

甘えの欲求というのはわれわれの基本的な欲求である。これが満たされていないと、この欲求はいろいろなかたちであらわれてくる。たとえば白昼夢である。

私は少年時代、青年時代、時間があればいつもいつも白昼夢にひたっていた。いや時には何かべつのことをしながら白昼夢にひたっていた。つまり誰かと話をしていながらも白昼夢にひたっていた。

誰かと話をしながらも、心は全くべつの世界をさまよっているという異常な時期があった。山を登りながらも白昼夢にひたっていた。車を運転しながらも白昼夢にひたっていた。眠る時も眠りつくまでは白昼夢にひたっていた。

とにかく、現実の中で生活しながら、心は現実とはべつの世界で生きていた。これは辛いことであった。そして長い長い白昼夢のあとにはやりきれない虚しさが心のなかに広がっていった。

そしてある時、私ははっと気がついた。私は白昼夢によって自分の満たされない甘えの欲求を間接的に満たしているのだ、ということを。私の心の底にある満たされない愛情欲求が、私をあのような白昼夢にひたらせているのだと分かってから、白昼夢にひたることもなくなった。

それだけに、白昼夢の虚しさをどれだけ嫌っても白昼夢にひたらざるを得なかったのである。私は白昼夢のあとのあの虚無感を考えると、白昼夢などにひたりたくはなかった。しかし、どんなに白昼夢にひたりたくないと思っても、どうしても白昼夢にひたってしまった。

それは私が無意識の世界の愛情飢餓感に支配されていたからである。小さい頃の甘えの欲求を全くといっていいほど満たされていなかった私は、どうしようもなくその欲求不満に支配されていたのである。

現実の世界ではどうしようもなく満たすことのできない甘えの欲求を、私は想像の世界で満たそうとしていたのである。私が満たそうとしたというより、欲求は自らを満たしていったといったほうがいいだろう。

しかしそれは決して直接的な満足ではない。従って、いつも虚しさを伴うし、満たされても満たされても、欲求は消えることはなかった。私の白昼夢の内容はまさに甘えの欲求を満たすようなものだったのである。

つまり自分が世界の中心にいて、皆の注目をあつめ、チヤホヤされているものであった。その白昼夢の世界では自分中心で受け身で、限りなく私は受け入れられる存在であった。

この白昼夢の内容から、すぐにでも、これは甘えの抑圧の復権であると理解できてもよさそうである。しかしこれが甘えの抑圧の復権であると分かるのには時間がかかった。いい年をして白昼夢にひたりつつ、それが自分の満たされない甘えの欲求からでたものであるとは気づかなかったのである。

食欲や性欲がどうしようもなく肉体にあるように、心理的にはどうしようもなく甘えの欲求がある。そして青年時代に性欲が満たされないと、止めようと意志してもマスターベーションにひたってしまうように、心理的には止めようと思っても白昼夢にひたってしまうのであろう。そしてどちらも現実とのコミットメントがないために、そのあとにはやりきれない虚しさがくる。

アメリカで、『賢い女と愚かな選択』という本がベストセラーになった。そのなかに、次のような文がある。つまり私達は何かを間接的に達成した時、何となく気分がよくないというのである。

……whenever we achieve anything in an indirect way, we feel bad inside.

甘えの欲求を白昼夢で満たしてみても、そこには直接満たされた時のような快適な満足感はない。丁度すねたり、ひがんだりしてものごとをなしとげた時と同じである。

そのようにして何を達成しても自信にむすびつかない。白昼夢にひたったり、すねたりひがんだりしている人は、案外自分が愛情欲求の不満のかたまりであるということに気がついていない。

自分の欲求不満に正面から直面することのほうが、どれだけものごとの解決に役立つか分からない。

自分の中の甘えの欲求を悪いものとして排除してしまうと、生きている実感を失ってしまう。どういう場合にそうなりやすいのであろうか。

まず親が愛情欲求を満たされていない。しかし自分の欲求不満を認めることができない。つまり甘えの欲求をよくないこととして抑圧している時である。するとそれがたとえば子供に投影される。子供の中に甘えの欲求を少しでも見つけると、それを激しく非難する。

子供の中にほんの少しでも甘えの欲求を見つけて、それを激しく非難することで、親は自分の心の葛藤を一時的に解決する。親自身が自分の中の甘えの欲求を否定しているので、心の中は葛藤している。これを一時的に解決するためには他人の中の甘えの欲求を非難することである。

このようにいくじのない親は外の人間には面とむかって何も言えないから、自分の子供を非難の対象にする。子供は甘えの欲求を親から激しく叱責されることで、これを完全に意識から排除する。

認められる自分と認められない無意識の自分に分裂する。このように自分が分裂してしまえば、「私」という実感はなくなる。つまりアイデンティティーの喪失である。自分が自分であるという確かさを感じられなくなってしまう。

自然に生きていかれるのではなく、「これで自分は生きていく」というような強烈な「これ」を必要とするようになる。何かにそこまでしがみつかなければ生きていけないのである。

「私」という実感を失ってしまった者は、たえず自分の存在感を感じようと焦る。自分は生きているという確かさを必要とする。それを何かにしがみついて得ようとする。自分の存在を証明してくれるような何かを見つけて、それにしがみついて生きていこうとする。

規範意識のつよい人は生きることに苦しむ

規範意識が肥大化している者などもそうであろう。生きているという確かさを失ってしまったので、規範意識でそれを得ようとする。そこで規範意識が肥大化してしまう。すべてが「～するべき」で処理され、柔軟性を欠いてしまう。

自分をも、他人をも許さないような過剰な規範意識に苦しんでいる者は、自分が二つに分裂してしまっているのである。そしてそのことを認めることができないでいるのである。

ロロ・メイも、強迫的で厳格な道徳主義は存在感の欠如の結果であると述べている。

……compulsive and rigid moralism arises in given Persons precisely as the result of a lack of a sense of being.

これは生きることを楽しめなくなってしまった人達の意識である。散歩していても、何かこんなことをしてはいられないという気持になり、散歩を楽しめない。一人で椅子に坐って、風がほほをなでていく、あーいい気分だなあと感じて満ちたりるというようなことがない。いつも何かこんなことをしていてはいられないと焦る。

冷たい風がほほをなでていくことは、自分の存在を証明してはくれないからである。自分が認められる自分と認められない自分に分裂していない人は、ただ冷たい風がほほをなでていくことだけで十分なのである。それ以外には何も必要としない。

生きることを難しくしてしまうような過剰な規範意識というのは、存在感の欠如の補償作用なのである。過剰な規範意識で生きることが難しくなってしまっている人などというのは、気がついてみれば自分の存在は甘えの欲求そのものなのかも知れない。自分の体のすみずみまで、もしかすると甘えの欲求に占領されているのかも知れない。

しかし、決してそれを意識できないでいるから、生きることが辛くて仕方ないのである。仕事が辛いとか、食べものがあわないとかいうのではない。単純にただ生きることが辛いのである。ただ坐っているだけで辛いのである。

そこまで生きることが難しくなってしまっているのは、実際の自分の存在のほとんど全部が意識から排除されてしまっていて、実際の自分の存在のほんの一部を自分のすべてと意識しているからであろう。

自分が食べていても、歩いていても、単に立っていても、ほとんどの自分は許されない存在として、自分にはないと見なされているのである。実際に食べたり、歩いたりしている自分は「ない」と見なされているのだから、ひとつひとつの経験が十分に経験されないのはあたりまえである。ひとつひとつの経験に満足できないのはあたりまえである。

自分に自信のある人というのは、このように自分が分裂していない人である。自信というのは、決して他人の評価から生まれてくるものではない。他人がどんなにその人を高く評価しても、心の分裂している人は自分に自信が持てない。

また、だからこそ他人がそれほど高く評価していなくても、生きることを楽しみ、いつも気持の安定している人もいるのである。そのようにいつも気持の落ち着いている人は、甘えの欲求が満たされ、許されない自分を自分の意識から排除していない人である。その人の意識している自分が、実際の自分にかなり近い。
従って自分という存在をそれほどいろいろ意識することもないのである。分裂している人ほど、そして無意識の領域の大きい人ほど自分のやることをひとつひとつ意識しないではいられないのである。

誰でも自分だけの自己評価を持っている

結局自己評価というのは、小さい頃自分の実際の存在が許されたかどうかによって、高くなったり低くなったりしてくるのである。従って抑圧した甘えの欲求を意識化しない限り、どんなに社会的に高い評価を与えられても自己評価が高くなることはない。

低い自己評価であるにもかかわらず、社会的に高い評価を得ると、その人の神経症的自尊心は高まる。しかし、その人の気持の不安定さは変わりない。

気持が落ち着かない、イライラする、生きることが難しい、他人が自分をわるく思わないかと不安である等々というのは、実際の自分と自分が思っている自分とは違うということを告げているのである。

社会的に高い評価を受けたり、他人にほめられたりで得意になっている人は、決して自己評価が高いわけではない。

私自身自分は愛に満ちたりた存在だと「確信」していた時期があった。そしてその「確信」にもかかわらず、気持は落ち着かなかった。なぜか実に不愉快になったり、将来に不安だったり、ものごとが自分の思うようにいかないとイライラしたり、ほんの小さな失敗でひどく意気消沈してしまったり、とにかく傷つき易かった。

ところが、自分は愛に満ちたりているのではなく、逆に愛に飢えているのだと気がついてみると、不思議に、その傷つき易さはなくなっていった。傷つき易い過敏な神経がやわらいでいった。自分でも面白いくらい自分が落ち着いていった。

そして愛に飢えている実際の自分に気がついてみると、なぜこんなにまで飢えている自分を、満ちたりていると意識できたか信じられないくらいである。私の心は日照りがつづいて、パカパカしてひびわれした土地のようになっていた。一滴の水を求めて乾ききった土地のようであった。その自分の心をオアシスのように思っていたのであるから、抑圧というのは恐ろしい。

ただ今も述べたように、やはり抑圧していれば、あなたは実は本当の自分を抑圧しているよ、あなたの考えているあなたは、実際のあなたとは違うよ、と自ずから告げてくるのである。すぐにうちの人に怒る人、すぐに不機嫌になる人、こんな人は、そのように告げられているのである。

ただ、抑圧の意識化の難しさはここにもある。つまり不機嫌な人は自分が不機嫌であると認めない。そういう意味では、他人の自分に対する態度に不満の多い人は、抑圧があると言ったほうが分かりやすいかも知れない。他人の自分に対する態度に不満ばかりの人は、実際の自分は自分が思っている自分とは逆かも知れないと反省してみる必要がある。結局自分を分からない人は他人も分からない。

防衛本能のつよい人は「愛」の幻影で自分を守ろうとする

さきに子供の甘えの欲求を激しく非難する親について述べた。その場合、この親自身の愛情欲求が満たされていない場合が多い。

ところでこのような親はなぜ自分の愛は満たされていると「信じる」のであろうか。それにはやはりそれなりの事情がある。たとえばこの親は社会的に挫折しているとする。そして自分に失望している。

しかし社会的挫折も、自分への失望も認めることができない。そんな時これらの問題を一挙に解決してくれるのが「愛」なのである。世の中の出世など「くだらない」、男の戦など「くだらない」、あんなもの「幼稚だ」として自らの社会的挫折を認めようとしない。心の底では自分に失望している。しかしその失望も認めたくない。

そんな時「愛こそ大切だ」と、愛を強調することで、心の葛藤を一挙に解決することができる。このようにして生じた心の葛藤を一挙に解決してくれるのは「愛」しかない。

時に「愛」は心の葛藤を解決するために高らかにとなえられる時がある。自分は「愛の人」であると強調することで、自分への失望と直面することは避けられる。社会で男の戦をし、負けたり勝ったりしている人のほうが、愛の欲求を満たされていても、それを認めないということは簡単にできる。しかしそのためには自分が愛において満ちたりていなければならない。

そこで自分の愛情欲求は抑圧される。自分は愛において飢えているといったのでは、社会的にも挫折し、自分に失望し、愛においても挫折したとなってしまって、自分に対する失望と直面しなくてはならなくなってしまう。自分の社会的挫折から眼をそむけるための愛の強調なのである。

社会的挫折によって自分が傷つくのを避けるため、その傷つくことから自分を守るための愛なのである。従って自分はたとえ愛情飢餓感があっても、それを認めることはできない。

世の中で、愛をことさらに強調する人を観察していると、よくこのような人を見かける。どうもこの人は、普通の人より人を愛することができない冷たい人であるらしい。あるいは普通の人より愛情欲求が満たされていない人であるらしい、と分かる時がよくある。

ことさらに愛を強調するには、それによって何らかの自分の心の葛藤を解決しようとしているのである。そして時に、このような人々が集まる集団というのができあがる。

皆で愛を合唱しながら、普通の人より愛を与えることも受けることもできないでいる。歪んだ愛の集団である。それらの人は愛を強調することで自分が傷つくことから自分を守っている。それは恐ろしい抑圧の集団である。このような集団に属した人は、自分をも他人をも理解できない。

これらの集団に属する人は、基本的にお互いに無関心である。ただ自分達は、愛しあっていると「信じて」いる。何よりもお互いの個性が理解できていない。お互いに無関心である証拠に、お互いに相手の心の傷に気がついていない。皆が自分の心の傷を守ることに必死で、相手のことなど考えていられないのである。

これらの集団に属している人は、また変化を恐れる。現状維持で、一定の見方しか許さない。情熱に欠けているが騒々しい人々でもある。それらは不安に対する防衛でもある。具体的な行動よりも、ものごとを解釈で解決しようとする。

「くだらない」と主張することは、行動の勇気がないことを合理化するためである。

このように自分の愛が満たされていなくても、それをいろいろの事情から認められない人がいる。そのように愛の欲求を抑圧した人が、弱い者の中に甘えの欲求を見つけて厳しく叱責することになる。

愛を強調することも自分の心の葛藤を解決するため、子供の甘えの欲求を厳しく叱責するのも自分の心の葛藤を解決するため、すべて自分の心の葛藤を解決するためである。現実に直面する勇気を欠いた者は、このように自分を守ることに終始する。

しかしこれらすべての防衛行動は何ひとつ心の葛藤を本当には解決しない。自分の人生を意味あらしめるためには、自分自身がそういう人間ではないかと反省することと同時に、小さい頃自分の周囲にそのような人間がいなかったかどうか反省することも必要である。

依存の欲求がある人はそれを隠さず自覚することである

小さい幼稚園の子に、自由と責任を厳しく教える人はいない。小さい幼稚園の子や、はいはいをしている赤ん坊をつかまえて、自律すべきだと説く人はいない。幼稚園児に依存は望ましくないことだと責める人もいない。いや、いるかも知れないが例外的な人だけである。

しかし、二十歳の青年、四十歳の壮年にならこのようなことを説く人はたくさんいる。いや文化がそうなっている。

ところで二十歳の青年の心はみな大人になっているのだろうか。三十歳、四十歳の人の情緒はみな成熟しているのだろうか。

甘えの欲求を抑圧して三十歳、四十歳になった人は、心の中にまだ甘えの欲求をそのまま残している。それを本人が意識していないというだけの話である。

社会的には三十歳である。経済的にも自立している。表面的には適応して三十歳の大人として生活している。しかしその人の心の底の底はまだ三歳である。

この人に自律を説くということはどういうことであろうか。この人がその文化のなかで人間は自律性を獲得すべきであると信じるということはどういうことであろうか。

この人はいよいよ自分の中の甘えの欲求から眼をそむけるようになる。いよいよ自分の中にある甘えの欲求をよくないものとして意識から排除しようとする。

しかしどんなに意識から排除されても、あるものはある。その人はやはり無意識のうちに甘えの欲求に従って動いているのである。ただ甘えの欲求ということではなく、いろいろそれを正当化することは勿論である。

前にもふれた『賢い女と愚かな選択』という本のなかには、「自律した女」のトラブルの例がいろいろとでてくる。社会的に活躍している女、そしてそれを自分も素晴らしいと思っている女が、どうしてか男との関係がうまくいかない。

その本のなかに「隠された依存の必要」という項がある。彼女達は自分のキャリアーを発展させるためには自立、独立が必要だと考えている。

しかしキャリアーウーマンだとて女は女である。彼女達にとっても仕事はストレスに満ちているし、自立して誰にも頼らず生きていかねばならないということはたいへんなプレッシャーである。

女も男に頼ってはいけない、女も自立して生きてこそはじめて自分の人生を生きることができる。女も弱い女であってはならない。このような考え方は受け入れられやすい。

なぜならそれは正しいことだからである。しかしそれには条件がある。それは甘えの欲求を満たされた女にとって、そのように生きることが望ましいという条件である。

たとえばメアリーという女性役員がいる。彼女は仕事において成功している。メアリーは完全な男性であるトムと結婚する。

ところがトムと結婚するとすぐにメアリーは仕事をやめる空想を抱きはじめる。その空想にふけることは楽しい。それをしつこく追い求めることになる。

メアリーは夫に保護されて、母親として妻として生きることを考えるようになる。メアリーは自分が仕事に疲れていることに気づく。責任に疲れていることに気づく。くる日もくる日も仕事を遂行していくプレッシャーに疲れている自分をメアリーは発見する。

そしてある夜、特別に情熱的な性交のあとメアリーは夫のトムと一緒にこの空想にふける。そこで夫のトムは猛烈に怒る。

One night after an especially passionate session of lovemaking, she shared her fantasy with Tom…. Tom was furious.

トムはメアリーが仕事をつづけることを望んだのである。おそらくトムにとっては仕事をしないメアリーなんて考えられなかったのであろう。そしてそんな依存的な女の生き方はよくないと考えていたのだろう。

何よりもトムにとっては、女性エグゼクティブとして活躍するメアリーの中に依存の願望が隠されていることは想像できなかったのであろう。

トムはメアリーの空想をきいた時、裏切られたと感じたであろう。しかし彼女の中に否定しようもなく依存の願望は隠されているのである。

依存はよくない。これに異論はない。私も依存ということがいかに人間の生にとって破壊的であるかを説いてきた。大人になって依存的であることはよくない。これは誰がなんと言おうと現在の私は正しいと信じている。

しかし、それはよく読みちがえられる。大人になって依存的であることがよくないということは、大人になるまえに依存の欲求を満たしておくことが望ましいという意味なのである。

大人になって依存的であるのはよくないと言ったからといって、事実依存的であるならどうしようもない。雨の日は気分がわるいといってみたところで、事実雨の日はある。

大人になって依存的でないのは、男にとっても女にとっても最高である。しかし事実その人の中に依存の欲求があるなら、自分には依存の欲求があるということを自覚することが必要である。最悪なのは依存の欲求があるにもかかわらず、あたかも自分にはないかの如く振舞うことである。

事実立派でないものが立派であるかの如く振舞うのは、本人にとっても周囲にとっても破壊的なことである。そういう人間の周囲にはいさかいがたえない。

正義をふりかざしてしつこく相手を責める人などは、自分に依存の欲求があることが認められない人なのである。社会とはそんなものではないということを主張しながら、妻をしつこく責める夫も同じである。

このような人は、相手にからむことで間接的に自分の依存の欲求を満たそうとしているのである。自分に着ていくものがないといってパーティーに出ることをしぶって夫を困らせる妻も、夫を困らせることで自分の依存の欲求を間接的に満たしているのである。

そのような人の中には、おそらく気がつけば本人も驚くようなすさまじい甘えの欲求があるのではなかろうか。

心の矛盾は甘えの欲求から生じる

隠された甘えの欲求があると、相手に対して両価的（両立しない矛盾した感情をいだく）になる。離れられないけど、一緒にいると不愉快だとか、気は楽だけど重苦しい気分になるとか、いやだけど好きだとかいった矛盾に苦しむことになる。

隠された依存の欲求がなくなれば、離れられない人といると愉快だし、気が楽な人といれば気は軽いし、嫌いな人は嫌いだし、好きな人は好きである。たとえ依存の欲求があっても、それを自覚できればより両価的でなくなる。

両価的感情の対象にされた人はたまらない。そんなにいやなら〝ほっといてくれ〟と言いたいのだが、しつこくからんでくる。

その人達は愛に飢えているのである。しかしその飢えを自覚できないでいる。自覚なしにそれを満たそうとするから、道徳だとか、愛情だとか、冷たいとか、人間としてそんなことはできないとか、いわばいいがかりをつけてくるのである。

「かわき」を自覚できることが、ある種の心の病の回復には決定的に重大である。自分は本当はかわいているのだ。飢えているのだ。求めているのだ。どうしようもなく自分は飢えている、このことに気がつくことが、大切なのである。

肉体の場合には誰でもが自分の実際の姿に気づいている。食べものに飢えている者は、自分が飢えているということを知っている。しかし、愛に飢えている者は、必ずしも自分は愛に飢えているとは気づいていない。

逆に自分は愛に満ちたりていると感じている。そこが愛と性の違いでもあろう。性に飢えている者で、自分は性に満ちたりていると思っている者はいない。

自らの飢えに気がつくということは抑圧がとれたということなのである。それだけに自らの飢えに気がつくということは難しい。

ただ甘えの欲求を抑圧していれば、なんとなく自分が頼りなく感じるものである。なんとなく自分の存在には根がはえていないというような不確かさがある。

抑圧をしている者は、自分でも自分が何を望んでいるか分からなくなることがよくある。ことに小さなことについてはそうである。

大きなことについてはいろいろと錯覚がある。たとえば自分は将来何になりたいか、などということについては、自分が心の底では望んでいなくても望んでいると錯覚することが多い。

つまり他人の期待を自分が内面化して、自分が望んでいると錯覚するのである。

自分は心の底では商売をつぎたくなくても、親がそのように自分に期待しているので、そのように自分が望んでいると「信じる」ことがよくある。

しかし日常の小さいことでは、よく自分が何を望んでいるか分からなくなる。どちらの服を着たいか、どちらの色が好きか、どちらの机で書きたいか、あるところに行きたいのか行きたくないのか、それらの小さいことで自分は何を望んでいるか分からなくなる。

すぐ肩に力のはいってしまう人は欲求不満の人なのである。このような人は、まず自分は自分に何を隠しているのだろうと反省してみることである。

そこに依存の欲求、甘えの欲求を発見することがあるかも知れない。

甘えの欲求を満たされるということが、受け入れられるということなのである。その人の前では甘えの欲求を恥ずかしくてだせないということが、その人に拒絶されているということである。

親によって甘えの欲求を満たされた人というのは親に受け入れられた人である。受け入れられ自分のアイデンティティーを確かなものにできた人である。

甘えの欲求を満たされず、それを放棄するように強制された人は、親に受け入れられなかった人である。それによって自分のアイデンティティーは不確かなものになり、後々までもつづく自己不適格感のもとになった。

しかし最悪なことは親に受け入れられなかったことではない。受け入れられなかったにもかかわらず、受け入れられたと信じていることである。

雨の日がわるいのではない。雨の日に晴れていると信じていることが心を病ませていくのである。

不安なのは本当の自分が見えないからである

心の不安はどこからくるのか

安心感というのはどこからでてくるのであろうか。ひとつには他人に干渉されることのない自分の世界を持つところからうまれてくるのであろう。

分裂病者などがいつも不安であるのはよく分かる気がする。彼らは自分の世界が持てないでいるのである。いつも自分の世界は他人にのぞかれているという恐怖感を持っていれば、安心できるわけがない。

部屋に隠しカメラがしかけてあるなどと言い出す分裂病者が安心できるわけがない。またそのように彼らが感じることは、彼らの内面を象徴的にあらわしている。自分だけの世界というものがないのである。彼らが秘密を持てないというのもその特徴である。

人は誰からものぞかれない自分だけの世界を持てた時、安心感を得る。その基礎的な安心感があってはじめて、人間の機能も十分に働くのではなかろうか。

そのような安心感があって仕事や勉強に対する集中力もでてくる。人は不安であったら、我を忘れてものごとに集中することはできない。集中と自閉とは違う。不安だから自閉的になる。自閉的になることで不安から自分を守ろうとしているのである。逆に人は不安でないから集中できる。

神経症的な人間が不安に悩まされているのは、自信のない自分の内面の世界を相手にのぞかれてしまうような気がするからである。そしてそのように不安だからこそ、自分の重要性を相手に示そうとする。

自分の重要性を相手に誇示することで、内面をのぞかれる不安から立ち直ろうとしているのである。べつの表現をすれば、自分の重要性を相手に誇示しようと努めるのは、相手に対する言い訳を必死でしているようなものである。

また神経症的な人は攻撃性を抑圧している。相手に対する敵意を抑圧していると、くり返し述べるようにこれは投影される。つまり相手は自分を攻撃しようとしているのではないかと感じる。それだけに自分の弱点が過剰に意識される。

神経症的な人といえども、すべての人に対して同じように不安なわけではない。あるAという人と一緒にいると不安だけれども、べつのBという人といるとなぜか安心できるということがある。

なぜAという人といると不安になり、Bという人といると安心できるかと言えば、それはBといる時には攻撃性の投影がなく、Aといる時には攻撃性の投影があるからである。攻撃されるのは当然自分の弱点である。従ってさきに書いた如く、

Aという人といると自分の弱点が過剰に意識されて、何とかそれを弁護しようという姿勢になってしまうのである。つまり自分はつよく優れている人だぞということを相手に示す必要性が心の中に生じてきてしまう。

ところがBと一緒にいる時は攻撃性の抑圧がない。従って投影もない。となると自分の弱点が攻撃されるという感じ方もない。従って自分の弱点を防衛する必要もない。となると相手に対して、自分をつよく優れていると誇示しないではいられなくなるということもなくなってくる。

自分の内面に自信があれば、どのような人と一緒にいても防衛的になることはない。人は、自分の弱々しい内面の世界をのぞかれてしまう、攻撃されてしまうというところから過剰防衛になって、いいところを示そうと焦ってしまうのである。

そもそも自分の弱々しい内面の世界を相手に気づかれる、のぞかれるという感じ方が心の健康な人と違う。

心にもないお世辞を言ってしまう人には注意する

こういった人たちは、とにかくはやく自分のつよく優れているところを相手に示そうと焦るのである。自分がつよく優れているところを相手に示せなければ安心できない。

　そうした意味で、焦るのは、はやく安心しようと焦っているということである。焦っている人は自分を守ることに関心がいってしまって、相手とコミュニケーションしようという姿勢がない。

　焦っている人は相手に弱く見られることを恐れている。相手が自分をつよいと認めなければ安心できないのである。従って自分のつよさを相手に印象づけようと焦る。

　なぜ自分のつよさを印象づけようとする必要があるかと言えば、それはさきに述べた如く抑圧した攻撃性を相手に投影しているからである。

　ということは、その人と一緒にいると何となく落ち着かない、何だか知らないけれど焦るというような人は、あまり好きな人ではないということである。心の底ではその人が嫌いなのである。

　心の底ではその人が嫌いなのだけど、何らかの理由でその人を嫌いだということを意識できないでいるということであろう。その人に心理的に依存しているとか、あるいは心理的に孤独なために人からチヤホヤされたくてたまらなくて、たまたまその人からチヤホヤされたとか、いろいろな理由があろう。

好かれることで自分を守ろうとしている人は誰に対してもいい顔をしてしまう。自分が心の底でその人を好きか嫌いかなどは関係ない。あるいは相手が自分の人格を尊重してくれるか、それとも軽んじているかなどということにも関係なく好かれようとする。

誰かれの関係なく好かれようとはするが、他方心の底ではやはり好きな人と嫌いな人がいる。好かれるという心の必要性が一方にあるために、またその必要性が大きいために、心の底にある好き嫌いの感情は意識されることがすくない。

自分が付き合うのに適した人で、自分もまた好きな人がいる。そんな人に好かれようと努力することは自然である。しかし相手は利己的な人で、自分が心の底では嫌っているのに好かれようと努力していることもある。

後者の場合当然抑圧がおきる。その抑圧が不安を生み、焦りを感じさせる。従って、もしある人といて、なぜか理由の分からない焦りを感じるとすれば、自分はこの人を心の底では嫌いなのではないかと反省してみることである。

心の底では嫌いなのだけれど、もうひとつの心の必要性のためにこの人に気にいられようとしているということを意識化することである。好かれなければならないという心の必要性を持っている者は、どうしても他人が自分を卑しめるということを許してしまう。

本当は嫌いなのに好きであると思っているということを、どうして見分けることができるであろうか。心の底では嫌っているのに好きだという振舞いをしてしまう反動形成を見分けるには、心にもないお世辞に注意することである。

自分でも、ついついその人に対して、心にもないおおげさなお世辞を言ってしまうなどというのは危険である。そしてその心にもないオーバーなお世辞を言ったあと、何か心の中にスッキリしない不快感が残る。

心の底で好きでないからこそ、心にもないオーバーなお世辞が言えるのである。もし本当に好きなら人間はその人に対してそんなに平気でウソをつけるものではない。

従って自分が心の底でその人を嫌っていて、その反動形成として、これ見よがしのオーバーな好意的態度をとってしまっているのかどうかということは、その人との会話を思い出してみれば分かることである。不自然なほどの好意的態度をとりつつ、何となく後味がわるいという時には、反動形成である可能性がつよい。

そういう人と一緒にいる時は何となく落ち着けなくて焦る気持になる。はじめに書いた如く、安心感は自分の世界を持つところから生まれてくる。ところがこのような人といると自分の世界が失われるのである。

自分の内面は嫌悪と好意に分裂してしまっている。そして自分の内面の弱さや嫌悪を知られたくない、知られたくないのにのぞかれてしまうような気持になる。

自分に自信が持てない人は自然な生き方ができない

もうひとつ注意すべきことは、自分を何となく落ち着かない気持にさせる人というのも自信のない人であるということである。その人自身の心の葛藤がこちらの心の葛藤と共鳴しているのである。

相手も自信がないから自分をよく印象づけようと焦っている。そして自分を高く売りつけようと焦るその行動自身が、こちらを傷つける結果をもたらす。

こちらも自分を守ろうとしているが相手も自分を守ろうとしているのである。そのお互いの自己防衛的な行動が結果としてお互いに相手を傷つけてしまう。

お互いに心の底で嫌いでありながら、離れられないでいるなどという人達もいる。

自然の感情に従って生きることを小さい頃から禁じられてきた人は、意識的努力によって自分の感情をつくろうとする。自然の感情の動きとして、その人をそんなに好きでない。いや嫌いである。

しかし好きであると感じようと努力するのである。そして好きな筈だと思い込もうとする。そういう人はあまりにも自分の感情を意識的につくりすぎてしまっている。

小さい頃から自分の感情を意識的につくりすぎて生きてくると、自然な感情が失われてしまう。正確には無意識下に抑圧されてしまう。

小さい頃からこういう人を好きになりなさい、こういう人を軽蔑しなさいと教えられてくると、いつの間にか、心の底では好きでない人を好きと思い込み、心の底では求めている人を軽蔑したりする。

何となくその人といると焦るというような人は、どちらかというと「好きになりなさい」と言われてきたタイプなのである。人といると何となく落ち着かなかったり、何となく焦ってしまうという人は、小さい頃から自分は、自然の感情を親の管理下におかれすぎてきているのだ、ということに気がつかなければならない。

そして子供の感情を、自分の都合いいように操作しようという心の葛藤のある親が気にいる人というのは、たいてい自信のない人達である。

従って子供は自信のない虚勢を張るタイプの人を好きになる。好きになるというのも自然の感情で好きになるわけではない。心の葛藤のある親の推せんするような人であるから、その人も当然心理的にいろいろの問題をかかえている。

単純に言えば、自分の自然な感情を見失いがちな人は、心理的に問題をかかえている人を好きになる、あるいは好きだと思い込みがちなのである。

それはさきに書いたように、一緒にいると何となく落ち着かない人というのは自信のない人であるということでもある。自信のない人を不安にさせるのは自信のない人なのである。心に葛藤のある人は同じく心に葛藤のある人といると落ち着かない。

それはお互いに今に満足していないということが分かるからではなかろうか。そしてお互いに相手の今を満足させることによって、自分の存在価値を確信しようとしているからではなかろうか。

お互いに相手が落ち着かないから自分も落ち着かなくなってしまうのである。心に葛藤のある人は容易に相手の心理状態に影響される。自分の中に安定した世界があれば、そう簡単に相手の心理状態に影響されるということもない筈である。

心に葛藤のある人というのは幼児性を残している。いや幼児性を残しているから葛藤が生じるのであろう。

　小さな子供は一緒にいる母親の心理状態に容易に影響を受ける。母親が心理的に安定していれば小さな子供も心理的に落ち着いている。母親が心理的に不安定だと心理的に落ち着かなくなってぐずり出す。

　そして満足している子供ほど母親の心理状態の影響を受ける度合が少ない。

　このように考えてくると、心理的に問題をかかえた二人の大人が一緒にいる時の落ち着かなさは容易に理解できるであろう。自信のない人というのは相手の自信のなさに耐えられないのである。実存的に欲求不満な人は相手の欲求不満に耐えられない。自分の存在の無意味感に悩まされている人は相手の感じている無意味感に耐えられない。

　相手の不満は決して自分の責任ではない。相手が心理的に不満になっているのは自分が悪いからではない。ところが自信のない人は、心身ともに欲求不満な人を眼の前にすると、自分の責任であるかの如き感じ方をしてしまうのである。

　自分とは全く関係のないところでおきている問題なのに、あたかも自分に責任があるかの如く感じてしまう。それもおそらく小さい頃から「お前のために……」「あなたのために……」と親の不機嫌の不当な責任を負わされてきたからであろう。

　親は自分の生まれる前から不機嫌だった。親が不機嫌なのは親の情緒未成熟が原因であって、自分という存在が原因ではない。それなのにあたかも自分という存在が原因であるかの如く親は自分を責めた。それだけに他人の感情に責任を感じるというおかしな感じ方が自分の中にできてしまった。

それだけに大人になっても相手が満足していないと、それを自分の責任と感じてしまう。相手を満足させる責任は自分にあると間違って感じてしまう。そして焦る。なんとなく落ち着かなくなる。

大切なことはこの習慣化してしまった自分の間違った感じ方を変えることである。もし間違って相手が自分の責任を追求するなら、自分も同じく間違って相手の責任を追求することができる筈なのである。

相手が要求するなら自分だって要求してもよい。小さい頃に確立してしまった人間関係における自分のスタンスを変えることである。相手が自分の内の世界をのぞき込むという失礼をするならば、自分も相手の内の世界をのぞき込むという失礼をしたっていい。

大人同士にもある「子供と大人」の付き合い

所有欲のつよい支配的な親に育てられると、ついつい人と相対すると、自分は要求されるだけの側に立ってしまう。そのような関係が習慣化してしまっているのである。自分は責任を追求される側であって、追求する側ではないという立場をつくってしまう。

そしてよりよい従者であろうと努力する。さらに自分はよりよい従者であるかどうか不安になる。相手が自分の内面を支配することまで許してしまう。

私はだいたい次のような自己の内部の図式を考えている。

Aという大人の中には、相手の支配を受け入れ、相手の要求をかなえることで相手との関係を維持しようとする「従順性A」という部分がある。しかし同時に、このように相手の期待をかなえることで気にいられようとする大人には、まだ幼児性がそのまま残っている。それを「幼児性A」と名づけるとする。

同じことがBという大人についても言える。このAとBとが会った時、図1のような関係が出来てしまう。これはもちろん逆でもよい。とにかく一方の従順性と他方の幼児性とが関係してくる。

この時Aは自分にも幼児性Aがあるのだから、これを表現してもいいのだが、これの表現はさしひかえる。つまりいつもその相手に気がひけている。いつもその相手に遠慮している。

この時Bにどう思われたってかまわない筈なのだが、なぜかBによく思われようと必死で努める。Bの要求をよりよく満たそうと焦る。

これはAという大人にとって、小さい頃からのなじみの人間関係のパターンなのである。従ってどこかに自分をひきつけるものがある。そのようにならされている。

もちろん従順性Aと従順性Bで関係しあう時もある。これはお互いに譲りあってばかりいて、疲れるだけである。いつまで付き合ってもうちとけないで、お互いに遠慮ばかりしあっている。いつもお互いがお互いに気がひけている。

そしてこのような二人はどちらも自我の確立がなされていない。本人達を支配しているのは神経症的従順性か、幼児性である。これは相手によって場所によって、どちらが出るか分からないが、とにかくこの人達を支配しているのは確立された自我ではない。

ところで、もしこのように情緒的に未成熟な大人が、自我の確立された大人であるCと付き合ったらどうなるか。（図2）

相手に幼児性がそのまま残っていないので、こちらの従順性はそれほど刺激されない。相手の自我はむしろこちらの自我と関係してこようとする。しかしこちらに

〈図1〉

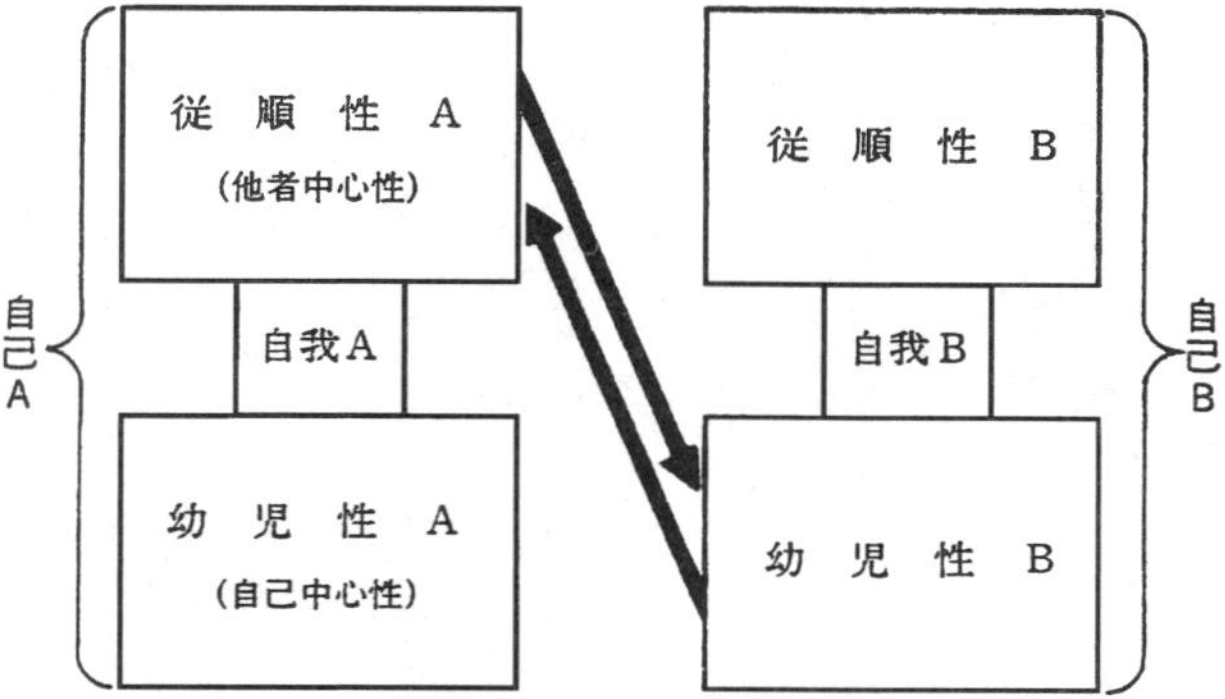
従順性A
(他者中心性)
自我A
幼児性A
(自己中心性)
自己A
従順性B
自我B
幼児性B
自己B

〈図2〉

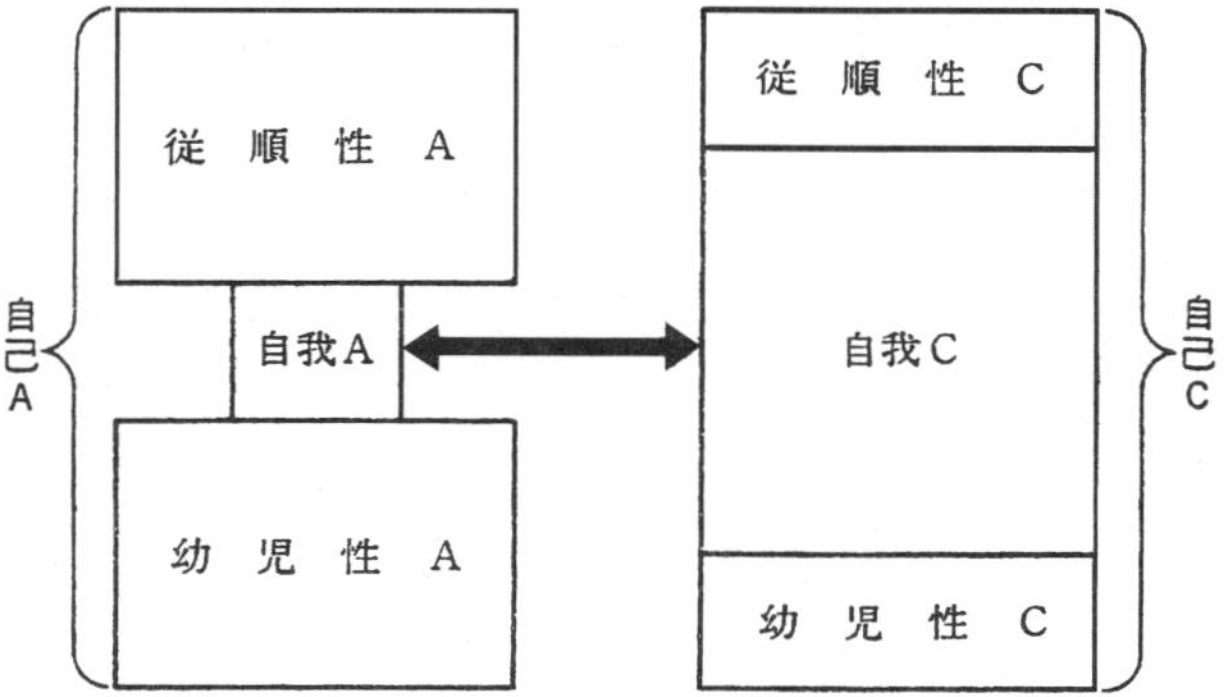
従順性A
自我A
幼児性A
自己A
従順性C
自我C
幼児性C
自己C

は満足な自我がない。

従ってAにしてみれば、相手と深くコミットしたという満足感がない。子供が大人と遊んでいるようなものである。

そこで、心理的に問題のある人は、どうしても同じように心理的に問題のある人と付き合ってしまう傾向にある。

つまりたとえ自分を卑しめる関係であっても、幼児性BはAの他者中心性を必要としている。Aにしてみれば、Cと付き合っているよりもBと付き合っているほうが、自分は必要とされているという実感を味わうことができる。

Cとの付き合いは不快ではないが、そのように自分が必要とされているわけではない。Bとの付き合いは不快であるけれど、必要とされている。それだけになかなか別れられない。

幼児性と従順性は同じコインの表と裏である。幼児性がなくなれば、自然と相手の欲求を満たすことで関係を維持しようとする姿勢もなくなる。

自己中心性がなくなれば、他人に自分がどう映っているかということばかり気にすることもなくなる。従順性と幼児性が消えてくるところに自我が確立されてくる。

幼児性を残した大人は要求がましい

ところで大人の持っている幼児性は、いつも満たされていない。従って幼児性をそのまま心の底に残している大人はいつも不満である。その結果として要求がましい大人となる。

しかしこの不満はその人の心の中の問題であって、周囲の人はこの不満に責任を感じることはない。

不満な人間がそばにいると気になるが、これはつとめて無視することである。つまり、その不満な人間は「そこにいるがゆえに」不満なわけではなく、どこにいたって不満なのである。

ただ問題は、こちらにも幼児性がそのまま残っていると、そこにいる不満な大人を無視できないということである。

つまり幼児性をそのまま残している大人は、近くにいる人にどうしても気持がからんでいってしまうのである。それは、幼児性を残しているということは、一人でいることができないということである以上、仕方のないことである。

情緒未成熟な大人は近くにいる人をほっておけない。どうしても気持がからんでいく。余計なお世話をする。干渉していかざるを得ない。親切とか心配とかということを口実にして、近くの人に干渉していく。

つまり情緒的に未成熟な大人は、近くにいる不満なもう一人の大人をほっておくことができない。その不満な大人に気持がからんでいってしまう。

情緒的に未成熟な大人は、近くの人を気にいったり、嫌ったり、好きになったり、面白くないと反発したり、好意を持ったり、敵意を持ったりする。「ほっておく」ということがどうしてもできない。

さきに「そこにいるがゆえに」不満なのではなく、その人の心の中に問題があるがゆえに不満になっている人はほっておくほうがよいと書いたが、困ったことに気持のうえでほっておけないというのが幼児性を残した大人である。

従って、自分の気持がそのようにして近くの他人にからんでいってしまう人は、まず自らの幼児性を反省することである。それを反省しないで、親切だとか、そういうことは冷たいとか、友情だとか、愛情だとか、いろいろの言葉を使って、自分の気持が相手にからんでいくことを正当化すると、いつになっても心理的に成長することはできない。

自分の気持が相手にからんでいってしまうことを「思いやり」というような言葉

で正当化していると、いつになっても思いやりのある人間にはなれない。

思いやりを持つためにはまず相手を理解しなければならないであろう。しかし自分の気持が相手にからんでいく時は、決して相手を理解しようというのではなく、自分の思うように相手の気持を支配しようということにしかすぎない。

たとえば、幼児性を残した大人は、こんな時、相手の「ほっといてくれ」という気持を許さない。自我の確立した大人にしてみればべたべたとからんでこられることはたまらない。

そこで、こんな時、「ほっといてくれ」という気持になる。しかしこれを理解しない。そんな態度にでもでれば、こんなに心配してあげているのに、と、恩着せがましい態度になる。そして余計にしつこくからんでくるようになる。

自分が相手に幼児的願望を持っている時、つまりからんでいく時、相手を理解することはできないし、万一理解できたとしても、その相手の態度を許すことはできない。

またこのように相手が情緒的に成熟していない時でも、からんでいくことは同じである。だからこそ、幼児性を残した人は、嫌いな人を好きになるということがおきてきてしまうのである。

からんでいく人は、嫌いでも好きでもないというように、自分の気持を相手から切りはなしておくことができない。どうしても近くにくると、憎んだり、気にいったりというようになってしまう。

大人の条件というのは、このようにネバネバと相手にからむことなしに、付き合えるということである。従って好きになった人は、まさに好きになった人なのである。心の底で憎みながら、意識のうえで好きになっているなどということはない。

相手に気持がからんで離れられない依存性がある人にしてはじめて、自分の自然の気持を意識的にいじくりまわすのである。

とにかく幼児性を残したままの大人の人間関係というものはさわやかなものにならない。だから自分の周辺の人間関係が、さわやかで快適なものでないならば、まず自分の心の中の幼児性を認めることである。

はじめに書いたように自分の心の中を相手にのぞかれるような気持になってしまうのも、結局は自分の相手への依存性への照り返しなのである。相手に気持がからんでいかないような人は、相手から自分の内面の世界をのぞかれるような気持にはならないであろう。

「皆仲良い円満な家庭」の持つ悲劇

劣等感のある人はたった一人で敵陣の中にいるようなものだというのは、人間の動物的本能の素晴らしさと限界をものがたっている。

深刻な劣等感に悩んでいる人、つまり神経症的になってしまっている人というのは、たしかに育つ過程においてはたった一人で敵陣にいたのである。その人が敵に囲まれて育ったということは正しいであろう。

深刻な劣等感から神経症になってしまった人というのは、小さい頃、近い人が皆敵だったのである。もちろんその人の遠くにはいろいろな人がいたであろうが、家族のようにその人の近くにいる人は皆敵だった。

敵であるということは、その人の自然なあり方を許さないということである。周りの人はその人に思いやりなど全く持っていないということである。周りの人はその人を理解など全くしていないということである。

周囲の人々は心の中に持っていた憎しみなどを、その人との関係で処理していたということである。たとえば、その子をからかう、あるいはいじめる、おもちゃにする。周囲の大人はその子をおもちゃにすることで、心のうっぷんを晴らしたり、自分の優越をたしかめて面白がったりしているが、おもちゃにされてもて遊ばれた子は病んでいく。

その子にとって周囲の大人の存在は敵以外の何物でもない。その子は皆の欲求不満のはけ口にされているのであるから。

ただその子の間違いは、その環境のなかですべての人間のイメージをつくってしまったことである。大人になって自分の近くにいる人が変わっても、まだ小さい頃と同じ感じ方をしていることである。

しかし、とにかく育つ過程において近くにいた人は、その子にとって敵だったのである。そのことをその人は無意識のうちに知っていた。その子の動物的本能で自分の周囲にいる人は自分にとって好ましい人々ではないと感じていた。

それを意識していたかどうかは全くべつのことである。そしてそれ以上に重大なことは、敵であるにもかかわらず怒ることを禁じられたことである。

〝怒ること〟は〝わるいこと〟なのである。そして怒る人はわるい人である。兄弟ゲンカもわるいし、いわんや親に怒ることなどは神を冒瀆《ぼうとく》するに等しいことである。

からかわれて大人のおもちゃにされた時、つまり侮辱された時、心の底で怒った。しかしその怒りは表現されなかった。その怒りは抑圧された。つまり自らもその怒りを意識することはなかった。

怒りは心の底にたまり、敵にむけられるべき怒りのエネルギーは自らにもむけられ、自分に罪の意識をおぼえるようになった。だからこそ劣等感を持っているものは罪責感も持っているのである。

なぜか自分は許されない存在であると感じ、神にむかって許しを求めるような辛い毎日を送りだす人がいる。どうしても自分が許された存在であると感じられないのである。それはひとつには、小さい頃自分の近くにいた周囲の人が、自分の実際の存在を許さなかったということもある。

従って自分の自然の感情、自然の姿に罪の意識を感じる。つまり皆に許してもらえなかったのであるから、罪責感を持つのはあたりまえであろう。しかもその人達の保護なしに自分は生きられなかった。

ところでもうひとつの重要な原因はさきに述べたところである。敵にむけるべき憎しみのエネルギーを自分にむけてしまったことである。「許せない」のはもともと自分の周囲にいて自分をからかって侮辱していた人々である。

ところが怒ることはわるいことであるから、それを抑圧した。もともと他人にむかって「許せない」と怒るべきエネルギーが、自分にむかってしまったのである。

小さい頃兄弟ゲンカができた人は幸せである。一切のケンカを禁じられた子供は、あらゆる兄弟間の不当なことに耐えなければならない。耐えるばかりでなく、その怒りを自分にむけることで、自分が自分にとって「許せない」存在になってしまう。自分が自分を憎んでしまう。自分の存在を罪の意識で責める。

自分の存在に罪責感をおぼえ、何をしていても何だか自分を許せないような気持に苦しめられている人は、小さい頃を本気で反省することである。小さい頃他人が自分を傷つけた時、それを受け入れることを周囲の雰囲気は強要していなかったろうか。

「皆仲の良い家族」という美名のもとに自分を卑しめつづけ、傷つけつづけることを強要された人が、深刻な劣等感を持ち神経症になっていくのではないか。

怒ってはいけない、そして怒らないことで良い子とほめられる。そんな風にほめられることで神経症になった人間は、どれだけの代価を払ったか分からないのである。

自分が神経症気味だなと感じている人は、「良い子だなあ」と言われたいがために、自分は一体どれだけの犠牲を払ったか考えてみることである。「良い子だなあ」

と言われるために、自分をまともな人間でなくしてしまったのである。「良い子だなあ」と言われるために、生きる喜びを捨ててしまったのである。捨ててしまっただけではない、生きることを辛いことにしてしまったのである。

「怒ったら罰せられる」、この感じ方によって生きることが地獄となってしまった神経症の人の何と多いことか。「うちの子は皆仲が良い」という親の虚栄を満足させるために、地獄に突き落とされた子、それがうつ病の人である。毎日生き地獄のなかをさまよっている神経症者も、もし小さい頃、親が「うちの子は皆仲が良い、親に反抗もしない良い子ばかりだ」という悪魔の満足を求めなければ、救われていたかも知れない。

なかでも、怒ることを禁じられた家庭生活において悲劇の子は末っ子である。一番弱い立場の子は一番いじめられ、からかわれ、一番不当なことに耐えさせられる。

自分の怒りの感情の表現を禁じられた集団にあっては、もともと比較的つよい立場のものは、比較的弱い立場のものを陰湿にいじめるものである。そのように陰湿にいじめることで欲求不満を解消する。

「うちの子はケンカひとつしないで皆仲の良い子で、理想的な家庭です」などという常軌を逸したことを言う親がいたら、その親は自分の神経症的自尊心の満足のために、少なくとも末の子を地獄に突き落としていると思って間違いないだろう。

そして病んでしまった子は、自分を地獄に突き落とした親を、たいてい理想の親と思っている。そして親が自分を地獄に突き落とすことを手伝った兄や姉を立派な人と信じている。

否定しても否定しても気になる一言

ある頭痛もちの婦人の話（前掲『賢い女と愚かな選択』より）である。夫ともうまくいかなくて離婚した。そしていろいろ医者に診てもらうのだが、肉体的にはこれといってわるいところはない。

そこで神経科の医者のところにくる。彼女は母親とはうまくいっている。母親は素晴らしい人だと信じている。

その母親は時々彼女の子をたたく。もちろんわるいことをした時である。彼女はそれに抗議できない。子供はおばあさんを好きだと主張する。

医者が、あなたは母親の子供のあつかいに怒っているのではないですか、と聞く。彼女は「とんでもない」と答える。母はずーっと私達を助けてきてくれているのですからと答える。

これはアメリカの話なので、その答えの一部を英語で書こう。

I certainly don't feel angry.

私は怒りなど決して感じていない、ということである。ところがである、そのような会話があってからしばらくして母親がフロリダにいく。避寒のためである。すると彼女はとたんにそれまで感じていた頭痛が少なくなる。

彼女にとって、「お母さんに怒っているのではないですか」という質問はとんでもない質問であったに違いない。

それだけにハッキリと繰り返し、そんなことはないと答えた。しかしそれにもかかわらずその質問はおそらく彼女の心にひっかかって離れなかったのではなかろうか。

自分はお母さんに感謝している、怒っているなんてとんでもない、彼女は確かに意識のうえではそう信じている。その彼女の言うことにウソはない。それにもかかわらず、それは奇妙にも彼女の心につよく残ったのではないだろうか。

そして心のどこかでは自分の確信を疑ったのかも知れない。それが彼女の出発点だったのである。

そんな馬鹿なと、一笑にふすほどの間違ったことなのに、なぜか奇妙に心に残る言葉というのには注意することである。

私は若い頃ある人から、「この家はなんか冷たいなあ」と言われた。これは当時の私にとっては太陽が西から昇るなあということ以上に、間違いのハッキリしていた言葉であった。

私は、自分の育ったこの家は世界で最も愛に満ちた暖かい楽園そのものである、と信じていた。兄姉は仲良く、親は神以上に尊敬に値する人で、こんな立派な人々はいないと信じていた。それだけに、「この家はなんか冷たいなあ」という言葉は反論するべきものではなく、馬鹿馬鹿しいこととして笑い流して、それを言った人を、頭のおかしな人と評価して、きれいさっぱり忘れてしまってもいいものであった。

ところが意外にこの言葉が頭に残ったのである。おそらく私も無意識レベルでは自分の育った家の雰囲気を感じていたのであろう。

「なんかこの家の人達は不自然だ」という言葉も同じであった。わが家では、この家の人以外はみな不自然で、ひねくれているとなっていた。「うちの者達くらい自然な人っていうのはいないよねえ」というのが神の声であり、全員一致の意見であった。私ももちろんそれを信じていた。

「俺くらい素直な人間もいない、だから世の中の人間は皆俺のこと分かんないんだよ」ともよく父親は言っていた。いずれにしろわが家のものが、この世の中で最も素直で最も自然だということになっていたし、これはいわば公理みたいなものであった。つまりあまりに当然であって証明する必要もないことなのである。疑う必要もないし、疑うことの不可能なことであった。

そこに「この家の人達は、なんか不自然だ」という言葉が外から耳にとどいたのである。気がおかしい人の言葉としてかたづけるのがあたりまえなのだが、それがどうしてか心に印象づけられてしまった。

このように、今の自分が考えたのではどう考えてみても間違いであることが明らかなのに、心に残ってしまう言葉というのは、自分の心を解き明かしていく鍵になる。

さて、頭痛に苦しむ婦人にしても、母親に対して怒っているというのは、どう考えてもあり得ないことであったのだろう。しかし実際には彼女の頭痛はその怒りを意識することでなおっていく。

これをとりあつかった医者は、彼女はあまりにも怒りを憎んでいたので、自分の怒りを意識することすらおさえたと言っている。

She hates her anger so much that she suppresses any consciousness of it.

彼女は怒りを意識しなかった。親に怒りを感じることはわるいことだからである。しかし実際には親に怒っていた。そこで彼女は頭痛に苦しんだのである。

もちろん頭痛に苦しんでいる人のすべてが怒りを抑圧しているわけではない。彼女のように医師に診てもらっても肉体的にどこもわるくないのに、頭痛に苦しんでいるというような場合に、このようなケースを考えてみることも必要なのではないかということである。

医学的には原因がないのに肉体的なことで苦しんでいる人は、自分の実際の感情と自分は接していないのではないかと一応反省してみる必要があろう。

にせの道徳や規範にしばられることはない

最初に書いた深刻な劣等感に苦しんでいる人なども、自分の怒りの感情に自分が接していないのである。優れていることを誇示することで劣等感は解消されるのではなく、心の底にある実際の感情に接することで劣等感は解消されるのである。

深刻な劣等感を持った神経症気味の人にとって、実際の感情に接するのに障害になるのは罪悪感である。親とか兄弟を憎むというのには普通罪悪感が伴う。そこでこの心の底の敵意に接触することを回避してしまう。からかわれ、もて遊ばれ、侮辱され、傷つけられているのに、良い人と思おうとするのは、憎むことには罪悪感が伴うからである。

しかしよく考えてみることである。兄だから姉だからという理由で、要求をつきつけた。しかし自分の側は一度だって、同じように兄弟だからという理由で何か不当なことを要求したことがあったであろうか。親子だから、兄弟だからというのは常に自分を傷つけることを正当化するための手段でしかなかったではないか。

親子だから、姉妹だから思いやりを持つということは一度だってなかったではないか。姉妹だから金を出せとは言われたが、兄弟だから困っているお前にお金をあげると言われたことは一度もないではないか。

親子だから、兄弟だから世話をしろと言われたが、逆に親子だから兄弟だから世話をしてあげると言われたことは一度もなかったではないか。親子だから、姉妹だから、お前の働いたお金はこちらの名義にしておくとは言われたが、親子だから、同胞だからこの財産はお前の名義にしておくと言われたことは一度もなかったではないか。

親子だから、同胞だからというのは、精神的、肉体的にあなたを搾取することを正当化するための理論以外の何ものでもなかったのである。もし今あなたが信じているように、あなたが育つ過程であなたの近くにいた人が心の温かい人だったら、どうしてあなたは生きることの不安と恐怖に今脅えているのだ。なぜあなたにとって夜がやすらぎではなく恐怖なのだ。

なぜ多くの人々が昼は活動的に働き、夜はぐっすりと眠っているのに、あなたは昼は何かに追われているように焦り、夜は暗さに脅えているのか。

なぜ多くの人々が仲間と生きることの苦楽を共に味わっているのに、あなたは一人も親しい人ができないのだ。同じ人間なのに、どうして違ってしまっているのだ。

私自身は昼は焦り、夜は脅えて生きた神経症者のほうであった。そしてその神経症からはい出す時、障害になったもののひとつは心の健康な人達の道徳観であった。

これは他の本にも書いたが、人は肉体的に病んでいる人に対してはこの誤りをおかさない。つまり三十九度の熱を出してねている人に、健康のためにジョギングしたらどうかとか、泳ぐと気持いいぞ、少し泳いでこいよとかすすめることはない。

つまり肉体的に病んでいる時、それをなおすためには健康な人と同じことをしてはならないと知っている。

しかし心の病んだ人に対しては、この誤りを多くの人はおかす。うつ病の人をはげますなどというのはこの典型である。

親や同胞を憎むなどということは、心の健康な人にとってはとんでもないことである。許すべからざることである。愛と感謝と尊敬を教えなければならないかも知れない。しかし心の健康な人達は、心の病んだ人達が親同胞からどのような侮辱、どのような辱しめ、どのような傷を受けたかということは想像できない。

人間の貧しい想像力をもってしては、このことを理解することはできない。そして数としては、昼は活動的に働き、夜はやすらかに眠っている人のほうが多い。数としては昼は焦り、夜は脅えている人は少ない。

残念ながら、そのなかでひとつの道徳や規範で人間をしばるから、心の病んだ人はいつまでもたちなおれないのである。

それ故に心の病んだ人は、実際の自分の感情に接触することを恐れる。親や同胞への怒りを心の底に持っているのに、それを意識することはできない。

私は現在事業家として活動的なある人を知っている。彼は現在心身ともにきわめいる。その彼と酒を飲みながら父親の話になった。すると彼は、俺は親父の墓石をひっくりかえして骨をだしてたたき割りたいというようなことを言った。正確にはその言葉を覚えてはいないが、その時の彼の怒りに満ちた声はよく覚えている。

その彼はかつては不眠症に悩まされたが、今はどこでもぐっすりと眠ってしまう。事業家として忙しいから夜を長く眠っていられるというわけではない。ところが昼十分でも二十分でも時間ができると、工場の騒音のなかで床にボール紙をしいて機械のそばで眠ってしまうという。そのように忙しいなかでいろいろなことに興味を持ち、趣味も豊富で、本もよく読んでいる。

今、せいいっぱい生きている彼が、もし心の底にある怒りを意識できなければ、あいかわらず萎縮した人生を送っていたのではないだろうか。

偽りの罪悪感に負けてはならない。罪とか良心の問題ではない。事実の問題なのである。事実としてあなたは心の底に近い人に対して敵意を持っているなら、それを意識することがよいと言っているだけである。ついでに卑怯な人間は近い人から搾取するということも覚えておくことである。

また最後にもう一度くり返しておこう。心の健康な人達の間の道徳や規範は、時に、心の病んだ人達の間の搾取を正当化する理論となる。卑怯な人間は道徳や規範を持ちだして弱い人間から心身ともに搾取する。つまり反抗を封じるのに道徳ほど都合のよいものはない。相手に罪の意識を強要して自分の側に利己主義を通す。彼らにとって利己的であることが許されないのは相手であって自分ではない。要するにあなたは同じ人間と見られていないのである。あつかい易い人間として見くびられているだけなのである。

なぜかイライラしてしまう人は
人生全体の方向が間違っている

小さなことでイライラするのは人生全体の方向が間違っているからである

一時間予定と違った行動をしなくてはならなくなると、それだけでイライラして焦りがなおらないという人がいる。一時間、いや三十分でもそうである。時にはたった十分、五分のことでものすごくイライラしたり怒ったりする人がいる。

三十分間休息するつもりだった。一時間泳ぐつもりだった。十分間素晴らしい景色をみる筈だった。それらの予定が何かで実現できなくなる時がある。すると体全体が不愉快になってしまう。たった五分出発が遅れたということでものすごく不満になる。

あるいは一日の予定がすっかり変わってしまった。その日は一日読書をする予定でいた。ところが家の人の友人がきて、その読書がだめになってしまった。

こんな時、ものすごく不満になる。こういう人はたった五分のすごし方が間違っているから不満になったわけでもなく、たった一日のすごし方が間違っているから不愉快になったわけでもない。

こういう人は人生全体のすごし方が基本的に間違っているのである。車で旅行をしている時にたとえれば、路を間違ったというよりも方向を間違って走っているということである。

すべてのことが自分の期待通りにいかないとイライラしてくるというのは、期待通りにいかなかったその時がおかしいからイライラするのではなく、全体がおかしいのである。

ロロ・メイが自分の人生を書いている本がある。彼は二十一歳の時ギリシャにいって英語の先生をはじめた。その時淋しさをはじめ、いろいろと心理的な問題をかかえた。

彼は淋しさをやわらげようと必死で働いた。しかし働けば働くほど先生としてうまくいかなかった。彼は神経衰弱になる。

そのことは彼の人生全体の生き方が間違っていることを示していたと彼は書いている。

……something was wrong with my whole way of life.

どこかある部分が間違っているのではなく全体としての生き方が間違っているという時がある。路を間違えて十分遅れてしまった。その時焦ったり怒ったりする。自分の恋人が運転していれば、その恋人にひどくあたる。時にはたった十分のことでどなる。

それは恋人が路を間違えたからどなっているのではない。その人は恋人が間違えたことで怒っていると思っている。しかしそうではない。その人の生き方全体が間違っているからその人は怒っているのである。

誰だって路を間違えたくはないし、十分でも遅れたくはない。しかしそうなってしまえばそうなったで仕方ないと思う。誰も間違えようとして間違えているわけではない。しかもその十分が決定的な十分というわけでもない。十分遅れたから飛行機が飛びたってしまったというのではない。

たんに公園につくのが十分遅れたというだけの話である。そんな十分で自分に近い人をどなりちらして、怒りがなかなかおさまらないというのは、怒りの真の原因は「十分」ではない。

十分は、心の中におさえられていた怒りや失望などのひきがねになっただけである。怒りの原因は十分間だけの路の間違いではなく、人生の目的や、考え方、感じ方の間違いである。

しかし怒っている本人は自分の怒りや不満は正当なものだと信じている。相手が悪いと思っている。

ある奥さんがご主人を乗せてゴルフ場にいくために運転をしていた。まだ時間はたっぷりとあった。会社の人とのゴルフということで、奥さんは前日にその近所までわざわざ運転していってみていた。

その当日、むしろはやくつきすぎるかなと思うぐらいうまく道路はすいていた。ところがゴルフ場の近所で奥さんはちょっと路を間違えてしまった。しかしそれは全く問題のない間違いで、すぐに正しい路にでられた。時間もたっぷりあまっていた。

しかしその二分か三分のロス、いや一分のロスかも知れない路の間違いに、そのご主人はものすごく怒りだした。常軌を逸した怒り方であった。そして最後には運転している奥さんをなぐった。

ご主人の言い分は、会社の人との大切なゴルフである。そのゴルフ場にいくのに路を間違えるなどというのは、気持がたるんでいるというのである。

それまでも同じようなことがいつもおきていた。奥さんは、これではとても一緒に生きていけないと相談に電話をかけてきたのである。一口で言えばこのご主人は神経症である。普通の人には何でもないようなミスでもこの人には許せないのである。

ミスが問題なのではなく、この人の全体としての生き方が問題なのである。

ロロ・メイは自分の人生の生き方が基本的に間違っていると思った時、新しい人生の目的を見つけようとした。そしてあまりにも堅苦しくものごとを考えるのをやめようとした。規範意識が肥大化してしまっている自分の存在をあらためようとした。

I had to find some new goals and purposes for my living and to relinquish my moralistic, somewhat rigid way of existence.

同じように、このご主人も言わなければならないのである。このご主人は奥さんはたるんでいると思っている。こんなことでは困ると思っている。このたるんだ奥さんを変えなければと思っている。この奥さんは社会の厳しさを知らないから、こんなにたるんでいるのだと思っている。

しかし、変えなければならないのは奥さんの気持ではなく、実は自分の生き方、感じ方、考え方なのである。自分の関心を変えれば、もっと心やすらかに生きられるのだろう。

このご主人にとって、朝の冷たいさわやかな空気は何の意味もない。いや、空気がさわやかだとは気がついていないのだろう。もしかしたら鳥がないていたかも知れない。空は青かったかも知れない。

美しい鳥のなき声がしていても、彼は全くきいていなかったであろう。青い空も見ていなかったであろう。さわやかな空気も感じなかったであろう。彼はただゴルフ場に予定通りキッチリとつくかつかないか、そして会社の人に悪く思われないかどうか、今日のゴルフでみっともないスコアーにならないかどうか、そんなことしか関心がなかったのであろう。それ以外のことに注意をむけることには無理があったのだろう。

もし彼の関心がすこしでも変わっていたら、彼はイライラして怒ることはなかったであろう。彼の奥さんに対する要求はまさしく神経症的要求である。

甘えの欲求を隠しているから不機嫌になる

この神経症的欲求をかなえるということは至難のわざである。なぜならこれは丁度赤ん坊や幼稚園児の要求に等しいからである。小さい子供ならうまくごまかせるということもある。あやし方もある。しかし、大の大人は小さい子供ほどうまくごまかせないし、小さい子供ほどうまくあやす方法がないからである。

ところが私はラジオで全国の奥さん方から人生相談の電話を受ける機会を持つようになって、世の奥さん方が、このご主人の神経症的要求にいかに苦しめられているかを知って驚いた。

とにかく自分勝手なのである。自分がしたいと思うことに皆が従わないと、とたんにふくれてしまう。たとえば皆で一泊の旅行にいく。そこで自分が散歩にいきたいと思う。その時家族全員が「そうしよう、そうしよう」と言わないと、とたんに不機嫌になってしまう。

奥さんでも、子供でも、そんな時、ちょっと部屋で一休みしましょう、せっかく部屋もきれいだし、というようなことでも言えば、もう不機嫌に黙りこくって一言も言わなくなってしまう。

そこでその一日は不愉快な一日になってしまう。なんのために皆で旅行にきたかが分からなくなってしまう。

ところでこの自分勝手な神経症的要求というのは、よく考えてみると小さな子供の要求なのである。小さな子供も、自分が皆と一緒にあることをしたいと思った時、皆がそうだそうだと賛同しなければすぐにふくれる。自分が河に魚とりにいこうと思っている時、海に泳ぎにいこうと言えばすぐにふくれる。

小さい子供にとって、この自分勝手な要求は自然なことであり、それが通らなければふくれるのもまた自然なことである。

むしろ大人になって神経症的要求を持って周囲の人間を苦しめる人というのは、小さい頃自分勝手な子供らしい振舞いが許されなかった人なのであろう。一口で言えば甘えの欲求が満たされていないのである。

甘えの欲求の抑圧が神経症の大きな原因である。大人になって甘えの欲求が間接的なかたちであらわれるのが、神経症的要求なのである。大人になると小さな子供とちがってストレートに甘えの欲求をだすことは恥ずかしい。自分でもてれくさい。自分にも他人にもこの甘えの欲求を隠す。

どうもこれは日本ばかりでなく、アメリカでも同じようである。例の『賢い女と愚かな選択』のなかに次のような文がでている。この本の主張によると、ことに最近になって、自分にも他人にも隠そうとすることが顕著になってきたという。

Many women, particularly in recent years, have learned to conceal dependency needs from themselves and others.

甘えの欲求のようなものを、大人になると恥じるのは分かる。しかし恥じたところであるものがなくなるわけではない。あるものをないように見せかけようとして、大人はいろいろな合理化をおこなうのである。

話を日本の男性にもどすと、たとえば仕事という合理化である。さきの家族と旅行にでたご主人は、皆が自分と一緒に散歩にでようとしないことで不満になり、口をきかなくなる。これはあきらかに甘えの欲求不満であるが、彼はそのように認めない。

それではどのように合理化するか、まず自分は連日のハードな仕事で疲れている。こんな機会に少しでも仕事を忘れてストレスをとりたいのだ、と主張する。しかしこれは何も散歩にでるという特定の行動とは結びつかない。

あるいは、せっかくこんないいところに忙しいなかを連れてきてやったのに、部屋の中ばかりいて、となる。恩きせがましくなる。この話はエスカレートしてお前たちは社会の厳しさを知らない、となる。

小さな子供達のように、自分の欲求と不満をストレートに認めているのと違い、彼らは自分の欲求を合理化している。それだけに言葉のうえで議論してもはじまらない。なぜなら、彼らの言葉は、彼らの本音を表現していないからである。

だからいったん議論がはじまると、延々と夜中までつづいてしまう。夜中までつづいて、双方納得すればいいのだが、双方ともに納得できない。

なぜなら不機嫌なご主人は、自分の主張に心の底では自分が納得できないでいるからである。実際の自分を自分から隠してしまっている以上、いくら不満について話しあっても、心の底から納得することはあり得ない。

たとえば、このような時、奥さんが「私達はちょっと疲れていますので、どうぞ一人で散歩にいってらして下さい」と言ったらどうなるか。

両方ともが自分の思い通りに行動できてよさそうである。しかしこれはもう一度ご主人を怒らせる。ご主人は不機嫌になる。

なぜ不機嫌になるのか。それはご主人が自分の本当の不満について言えないからである。本当の不満は、「俺は一緒にいきたいのだ、一人ではいきたくないのだ」ということである。

本当の不満を言えないから、せっかく連れてきてやったのに、という恩着せがましさになってしまう。あげくのはては「俺は、皆のことを少し考えすぎるからだ」となる。このご主人は、本気でそう考えているかも知れない。しかし、実のところこのようになってしまうのは、このご主人の依存心なのである。

このご主人は一人で何かをやっても面白くない。小さな子供と同じである。小さな子供が「お母さん、一緒にいこう」と言うのと同じなのである。ところが、このご主人は自分の依存心を認めることができない。そこで家族への愛だとか何だとかいう、ごたごたした理屈がついてまわるのである。

つまり神経症的要求をする人間には依存心がある。だからこそ余計あつかいにくいのである。今、神経症的要求をする人間には依存心があると分かり易く書いたが、これはさきに書いた甘えの欲求の抑圧が神経症につながるというのと同じである。

家族の心を食いちらす神経症の父親

自分の依存心をそのまま認められず、何とか正当化しようとしているのが彼らなのである。つまり彼らは相手を責めながら、相手を必要としている。相手を激しく責めるのなら、相手と別れればいいというのは心の健康な人の発想である。

彼らは相手を非難しながらも、相手と一緒にいなければならない。彼らは自らの心理的依存の対象を非難しているのである。彼らにとって非難の対象は、甘えの欲求を満たしてくれる対象なのである。

その甘えの欲求を満たしてくれないので、激しく責めているにすぎない。だからこそ責めさいなみながらも離れることができないのである。

従って今まで述べてきたような、神経症的要求を持ったご主人というのは、家族のものにとったらたまらない。なぜならこの男性にとって家族は、自分の甘えの欲求を満たすためのものである。しかもそのことを彼は認めていない。逆に彼は自分の甘えの欲求を、家族への愛と主張する。主張するばかりでなくて、彼は本当にそう思っている。

彼は一人では何もできないから家族と一緒に旅行にでかける。その時点からすでに、彼の甘えの欲求を満たすための旅行なのである。そしてその旅行の間のすべてが、彼の甘えの欲求を満たすためのものである。

彼が家族と離れられないのは家族を愛しているからではなく、家族に心理的に依存しているからである。

小さな子供は母親が自分の思うようにならない時、母親にからみつきつつ母親をいつまでも責める。その子供を母親から離そうとすると母親にしがみつく。

英語に nag という単語がある。口うるさく小言をいうことである。a nagging wife と言えば、口うるさい妻のことである。ところで、今述べた、母親を責めさいなみつつ母親にしがみつく子供の行為は、dependency-nagging という。

ところが、これは小さな子供ばかりかというと決してそうではない。日本の父親のなかには家族に対して dependency-nagging な人がいる。小さな子供が母親に dependency-nagging ならよいが、強い立場にある一家の主人が家族に dependency-nagging というのは、家族にとって悲惨である。

そのために多くの家族は地獄の苦しみを味わう。小さな子供とちがって力があるから、かんしゃくを爆発させるとすさまじい。そのうえに、社会とか道徳とか愛情とかいう仮面をつけるから、心の中の中まで責めさいなんでくる。

まさに家族のものの心の中は無残に食いあらされる。ライオンなどがえじきをむさぼり食うことを英語で devour という。一家の主人のこの依存的責めさいなみは、まさしく家族の心を devour する。食い尽くす。

さらに悲劇なことは、肉を食い尽くすことでライオンのほうは満足するように、主人のほうは家族の心を食い尽くすことで心の葛藤を解決することである。

まさに家族はご主人の神経症を治すために食い尽くされる。そしてご主人がまともになれば、世間の人は、あんなにいいご主人なのにと、おかしくなった家族のほうに非難の眼をむけることがある。

ご主人に心のすみずみまで食い尽くされてノイローゼになった子供が、悪者にされる。ライオンでも一番おいしいエサを食い尽くすであろう。すべての子供が、この父親のえじきになるのではなく、一番おいしいエサが、食い尽くされるのである。

手のかからない素直な良い子でノイローゼになった子が、このえじきである。極端な場合には自殺する。すると父親は何と言うか。「全く思いあたることがない」。そして世間の人のなかには「あまりいい環境で育つと、抵抗力がないのかしら」とさえ言う人がいる。

私はこのようなケースに何度かであっている。職業がら普通の人よりはそのような機会に接することが多い。そのような時「全く思いあたることがない」という家族に、「あの子を殺したのはお前達だ」と叫びたくなる。しかしこの言葉は決して理解されないものだけに、心の中で手を合わせるしかない。

そしてそのような事件が時々テレビのニュースキャスターによって、さきのようにとりあつかわれる時、そのニュースキャスターに、頼むからもう少し勉強してくれ、と叫びたくなる。

この世の中には地獄からの使者を愛の人と間違えたり、地獄からの使者自身が自らを愛の人と思っていたりすることがある。自分の家族を地獄に突き落としておいて、自分ほど家族を愛した人間はいないと思っている人が、本当にこの世の中に生きているのである。

それほど依存心と愛情とは、時に錯覚されるものなのである。

離婚した親で自分は良い親と思っている人は一人もいない。皆自分は親として失格だったと反省していることだろう。しかし最低の親というのは決して離婚しない親だということも忘れてはなるまい。

傷つき易い人は自己評価が低い

甘えの欲求が満たされてはじめて人は他人の自由を受け入れられる。甘えの欲求を抑圧した人は自由という名のもとに他人を束縛する。甘えの欲求が満たされて、はじめて人は他人の言動にそれほど心理的な影響を受けなくなる。

甘えの欲求を抑圧している人は、他人の言動に自分の心理的安定が依存している。傷つき易い人というのは、基本的に（欲求）不満の人なのである。傷つき易い人というのは自己評価が低いというが、まさにその通りであろう。

甘えの欲求を、小さい頃満たすことができなかったという人は、小さい頃自分にとって重要な人に実際の自分を拒絶された人であろう。そうであれば当然自己評価は低くなるに違いない。

甘えの欲求をよくないこととして抑圧した人は傷つき易いと言っても、自己評価の低い人は傷つき易いと言っても内容として矛盾しているわけではない。

甘えの欲求というものは決して悪いものではなく、自然なものなのである。人間は誰だってトイレにいく。だからといって、いつも人前で、今トイレにいってきましたとトイレの様子を話す必要もない。甘えの欲求も同じである。

私は甘えの欲求を持っていますという顔を、いつも人前でしていることはない。だからと言って、自分には甘えの欲求がないと思うことは間違いである。

自分の中に甘えの欲求があるならば、素直に甘えの欲求を認め、その欲求不満に理屈をつけて、仕事の厳しさだの何だのと妙な合理化をしないことである。もし神経症的要求をしていると気づいたら、自分は小さな子供のように甘えているのだと思うことである。自分の中の甘えの欲求を素直に認めることが、神経症的要求をしなくなることでもある。

また自分の欲求を正しく理解することで、その不満からどれだけ救われるか分からない。もう一度繰り返す。甘えの欲求は決して悪いことではない。自然なことである。あなたの甘えの欲求を悪として非難する人は、あなたにトイレにいくなと要求している人と同じである。

この世の中には幸いにして甘えの欲求を小さい頃満たされた人もいるし、不幸にして満たされなかった人もいる。何でもなく情緒的に大人になれた人もいるし、七転八倒してやっと情緒的に大人になった人もいる。それはそれぞれの生まれた環境の問題である。

自分は甘えの欲求を不幸にして満たされなかったという人は、それを素直に認めて、どう満たそうかと考えるのが大人である。合理化をしている限りいつになっても大人になれないし、神経症的人生で生涯を終わるしかなくなってしまう。

帰宅時間をきかれると不愉快になる日本の夫

不愉快というのは眼をそむけた欲求不満である。よく日本の男性は出がけに奥さんから〝今日は何時ですか？〟と帰りの時間をきかれることを嫌う。それを言われると急に不愉快になると言う。

しかしおそらくこれも単純なことであろう。自我に目ざめる青年期に自分の部屋を持ちたがり、その部屋に母親が無断で入ってくるとすごく怒る。見られて困ることが書いてもいないのに、日記帳を見られるとやはり怒る。

ただそれだけのことで、自分の世界に土足で踏み込まれたような気がするからである。知られて困るか困らないかはべつにして、自分の世界を持つためには秘密が必要である。秘密というのは誰にも知られないものである。その自分の世界が確実なものになれば、身近な人が自分のことについて何かきいてきても、自分の世界が脅かされてしまう感じはない。

しかし、秘密を持ちだした頃というのは、それが極めてあやふやであるから、ちょっと何かを聞かれるとたんに自分の世界が脅かされる気になる。そこで不愉快になる。

〝今日は何時になりますか？〟ときかれて、本音は〝そんなことときくな、うるさい〟である。しかし、それが夕食の仕度の都合のためにきいていると分かるから、〝うるさい〟とも言えない。

そこで〝七時に帰る〟と言って不愉快になる。何時に帰るかきかれて困ることはない。何時に帰るかきいてわるいこともない。それだけに〝うるさい〟とは言えない。そこで時には〝いったん会社に出ていったら、男は何時に帰るか分からない〟などとえらそうな口をきくことになる。

小さな子供が秘密の場所を持ちたがるのと同じようなものなのである。母親がその子供の気持を大切にして、秘密の場所をそれなりに扱ってくれて育った人もいるし、逆に「秘密はいけません」式に母親が子供の気持を踏みにじってしまった環境のなかで育った人もいる。

子供が秘密の場所を持ちたがる気持を大切にした母親は子供の成長を助けたのであり、逆の母親は子供の成長を妨害したのである。

「秘密はいけません」式に育てられて大人になった人は、大人になっても〝今日何時に帰るの〟という質問に秘密を責められているような気持になる。子供の頃味わった罪責感をその時再体験する。

小さな子供なら、その時〝だめだ！　きいちゃ〟と抗議できるし、きかれて面白くなければ〝なんでそんなことといた〟と母親に手をあげてかかっていかれる。しかし三十歳や四十歳になって、そんなみっともないことはできない。しかし小さい頃満足していないこの気持を持って大人になっている以上、本音は同じである。三十歳になった大人でも本音は〝そんなこときくな馬鹿野郎〟なのである。

しかしそんな幼稚な気持が自分にあるとは認めたくない。そこで〝君は干渉しすぎる〟とか、さきに言った〝男はいったん外に出ればいろいろなことがあって……〟という理由づけをはじめる。

これは全くの言い訳である。どんな奥さんだって普通は、何時に帰るかきく時、必ずその時間にご主人が帰るとは思っていない。普通の奥さんなら、自分の主人が会社にいったら、その日の都合で急に帰りがおそくなることもあるぐらいは承知している。

従って通常は夕食の仕度もあるので、とりあえず何時かきいているにすぎない。また言った時間に帰ってこないからといって、責めようとも思っていないであろう。

そんなことはご主人の側でも分かっている。分かっているのだが、自分の不愉快な気持はどうすることもできない。

説明できない自分の感情というのは、たいてい何か基本の欲求から眼をそむけているということを、その人に告げている。

理由もなく不愉快になるのは、何か自分の欲求を自分が隠しているからである。自分が隠しているもののなかで最も一般的なものは、幼児性である。

「ママのこと好き?」ときくのは最低の母親である、という

ところで秘密というと悪いことというイメージがあるが、このような規制された感じ方は、人間の成長にいろいろな害があるようである。

〝うちの子はよその子と違って本当に秘密がなくてよい子です〟と得意になる親というのは、支配的な親である。支配的な親は子供の秘密を子供の成長とは見ない

で、自分への反逆と見る。このような親に育てられると、子供は自分の世界を持つことに罪責感を持つようになる。

これほど人間の成長の妨害になることもないであろう。自分一人で何かすることに興味を持つことも、自分一人で何かをしてそれで自足することもできなくなる。親の見ていないところでしたことは、すべて親に報告しなければならなくなってしまう。

すると支配的な親は、うちの子は外であったことを何でもよく言うとまた得意になる。このような親はさきに言った、隠された依存性を持っている親なのである。依存性を隠した親というのは、子供のことをすべて支配していないと不安になる。強迫的なまでに子供を管理しようとする。

さきにあげたアメリカのベストセラー『賢い女と愚かな選択』に次のような文がでている。

Dependency needs hide behind another disguise, the excessive compulsion to control a relationship.

依存性はいろいろの仮面をかぶって、自らを隠すのである。そのひとつがこの強迫的なまでの管理である。ことに子供の管理は、親の保護とか責任とかいう大義名分がつく。そこで親らしさを口実に徹底的に管理する。秘密などもってのほかである。

自らの依存性を自覚している親はまだよい。このように隠れたる依存性が問題なのである。親という大義名分のもとに、外であったほんの小さなことでも報告しなければ、秘密を持つわるい子にされてしまう。

自らの依存性を間接的に満足させるための、徹底した管理は恐ろしい。自立のあらゆる芽を悪という名のもとにつみとってしまう。そこで子供の側は、自らのうちの自立のあらゆる芽を罪と感じる。

徹頭徹尾子供を管理しなければ親のほうが不安になる。それが compulsion の意味であろう。それはすさまじいまでの管理である。三時に学校が終って早足で帰ってくれば三時二十五分にはつく。それなのに今日は三十一分になった。この六分は空白の六分で説明がつかない、となってしまう。

子供も、外出している一日のうちの毎分ごとに説明がつかねば罪責感を持つようになる。

excessive というのは「過度の」とか「はなはだしい」とか「極端な」とかいう意味であろう。強迫的というだけで、寒気がするのに、その強迫的のまえに「過度の」というのがついているのである。

the excessive compulsion to control a relationship というのはすさまじい文である。そして実際、このような人がこの世の中に現実に存在しているのである。

このような親は、子供が自分に忠実であるかどうかを常にテストしていなければ気持が落ち着かない。常に子供が秘密を持っていないことを確認していなければ、不安でたまらない。

このような親は子供に常に忠誠を表明させる。このような人と恋におちたら、たいていの人は逃げだしていく。その嫉妬と疑い深さに悲鳴をあげて逃げていくであろう。

実際多くの恋は、この嫉妬と疑い深さで破綻している。またこのような人を上司に持った部下は、悲鳴をあげて酒を飲むだろう。そして自分の異動か、上司の異動をじっと待つ。

しかし親子の場合はそうはいかない。逃げだすわけにいかない。小学生や中学生は会社のように人事異動はない。逆に親に責任を課している。親は思う存分心ゆくまで子供を管理することで、自らの隠れた依存心を満たそうとするのだからたまらない。

「ママのこと好き？」ときく母親が最低の母親だとニイルがいうのも、この管理型の疑い深い母親だからであろう。そして自分の根深い依存心に気がついていない母親だからであろう。

「ママのこと好き」と子供にいつも言わせていないと不安なのは、深く隠された依存性のためであろう。いつも愛情を示すことを強要するのである。

わざわざ英語で原文通り書いたのは、これは記憶に値すると思ったからである。依存性の抑圧がいかに周囲の人間にとって破壊的な力をふるうかを示した文である。もとの文は、これは男と女の関係で書かれている。しかし男と女の関係は対等の関係であって、さきにも書いた通りこれは逃げだせる。また、相手に罪悪感をうえつけない。

しかし親子だとさきに書いたように、自立の芽にさえ罪悪感をおぼえるようになってしまう。そしてたえず忠誠と愛情を示させられることによって、いつもそのようなことを示していないと自分は信用されていないのだという感じ方をするようになる。

自分は信頼されていないという感じ方を身につけてしまうと、たえず言い訳をしていないといられないような人間になる。

男性を不能にする女のタイプ

疑い深い人間というのも依存性を抑圧しているのである。小さい頃から裏切りつづけられた人間が必ずしも疑い深くなるわけではない。社会的には恵まれた環境で育った人でも疑い深い人がいる。それが何よりの証拠である。

隠された依存性のある人、愛情欲求の不満な人、それらの人は心の底の底で自分に失望しているのではないだろうか。自分はダメな人間であるという感じ方を身につけてしまっているのであろう。

だからいつも「ママのこと好き?」ときいて、「好き」と子供に言わせていないと不安なのである。子供に常に忠誠を要求する管理型の父親も同じである。心の底で自分に失望しているからこそ、いつも子供に忠誠を表現されていないと不安なのである。

心の底で自分を信頼できていれば、そんなにいつも忠誠や好意を示すことを強要しない筈である。そんなにいつもことさらに好意を示してもらいたいと思わないであろう。心の底で自分に失望しているからこそ、ついつい疑い深くなってしまうのである。

隠された依存性、満たされない愛情欲求、心の底での自分への失望、それらのことがその人を神経症的要求にかりたてるのである。

自分への失望があるだけに、他人に自分を尊敬させようとする。普通の人より自分に失望している人のほうが、他人に尊敬してもらいたがる。つまりこれらの人は矛盾した要求を持つ。

一方で大人として尊敬されたいが、同時に隠された依存性を満足させるように扱ってもらいたい。つまりあやされていると気づかれないようにあやしてあげなければならないのである。子供をあやすのも難しいが、隠された依存性を持つ大人をあやすことも大変難しいことである。

その人と心理的に対等の人にはとてもできないことである。

お互いに隠された依存性を持つ場合には多く傷つけ合うことになろう。お互いに心の底では自分に失望している。お互いに自分への失望感を隠している。

そのような場合、はじめのうちは表面は相手を尊敬し、チヤホヤする。そのように尊敬されチヤホヤされることが嬉しいので急速に近づく。しかし、お互いに心の底の依存性と失望感は隠す。

しかし近づけば近づくほど、お互いの無意識の部分を無意識に感じあうことになる。また自分に失望した者は表面では相手に迎合しながらも、時に他人に対しひそかな復讐心を持っている。他人にも自分と同じ失望感を与えようとする。

自分に失望した者、依存性を隠している者、それらの人は口先で何を言おうが、本当には相手に対してやさしくなれない人である。努力して意識のうえでは相手にやさしくなっても、無意識のところでは相手を傷つけようとしているからである。

隠された依存性というのは、どうしても相手に感じとられてしまうのである。これが相手にとって心理的な負担になる。

ある美人のキャリアーウーマンである。一応皆からチヤホヤされるが、どうしても長いこと親密になる男性ができない。

それは男性達が二度や三度は付き合うが、やがてその女性といることにプレッシャーを感じてしまうからである。その女性の愛情欲求はたいへんに激しい。それは隠されている。しかしどんなに隠しても、男性はその女性といると何かいろいろ要求されているような息苦しさを感じだしてしまうのである。

こういう女性が男性を性不能にするタイプである。隠された依存性を持つ女性は、男性に対してもちろん自分をさらけだすことはない。自分にも相手の男性にも依存性を隠す。そして隠すことで、今度は男性を支配しようとするのである。その女性自身が、安心して男性と一緒にいることができない。

その女性自身が男性から拒否されることを恐れている。それだけに余計その男性に対する要求は大きくなり、支配的になる。拒否されるかも知れない不安を、支配的になることで解消しようとしているのである。

無意識下の依存性が人間関係を決定する

親子関係でも、支配的な親は子供に対する依存性を隠していることが多い。恋愛や親子ばかりでなく、会社などにおいても、支配的な上司などはよく依存性を自分にも他人にも隠しているものである。

人間の無意識というのは本当に恐ろしい。想像以上にいろいろのことを分かっているのである。隠された依存性を持つ者同士は、無意識のレベルでいろいろと交流をしている。その交流は意識のレベルの交流とは違う。

意識のレベルでお互いにどんなにやさしくなっても、どうもうまくいかないというのは、無意識のレベルでのお互いの交流に気づいていないからである。

隠された依存性を持った女性が、相手の男に、あなたのしたいようにしていいわ、と口先で言っても、どうしても男性はプレッシャーを感じてしまう。それは無意識のレベルでは、もっと私のほうをむいて、もっと私にやさしくして、もっと私を満足させて、もっと私のことを分かって、もっと私を大切にして、もっと私のことだけを考えて、と訴えているからである。あなたは他の人のほうをむいてはいや、もっと私の欲求を満たして、もっと私の奴隷になってと叫んでいるし、それを相手は聞いている。やがて彼女はなんで私のことを満足させてくれないのと責めはじめる。

小さい子供が母親に対して、いろいろ要求し、甘え、そして母親が自分の望むように自分を扱ってくれないと、手をあげて母親をしつこく攻撃する。

その女性と男性の無意識のレベルでの交流は、この母親と子供の交流と同じなのである。ぐずって手におえない子供と母親との交流が、この二人の大人の無意識の交流なのである。小さい子供が不満になって母親をなじるように、この女性も無意識のレベルで相手の男性をなじっている。

この時、この男性が母親のように心理的に成長していればよいが、そうでない場合にはこの関係はもつれる。この男性もまた隠された依存性を持つとすれば、この二人の関係は当然こじれてくる。

この男性は隠された依存性を持ち、心の底には無力感がある。すると相手の女性になじられることでいよいよ傷つく。心の底に無力感があるから、相手の女性に迎合する。つまり相手の依存的要求をかなえることで関係をたもとうとする。

二人とも隠された依存性を持つから、関係がこじれたからといってすぐに別れることはできない。一方で傷つけあいながらも、他方で相手に依存しようとしているからである。傷つけあいながらも相手に気にいられたいという弱味がある。

相手に気にいられたいから、相手を心の底で非難しつつも別れられないのである。もともと愛情欲求が満たされていれば、相手にそこまでして気にいられたいとは思わない。しかし愛情欲求が満たされていないと、相手の神経症的要求をかなえることで相手にいい顔をし、相手から尊敬され愛されたいと思う。それだけにどんなに卑しめられても、離れてしまうことができないのである。

関係がこじれたまま別れていくということは、まさに相手を失うことである。愛情欲求を満たされていない者にとって、相手を失うことほど辛いことはない。そこでそのこじれた関係の相手にこだわりつつ、自分を駄目にしていく。

関係がこじれてきて、離れ難くなればなるほど、自分の成長のためにその人から離れることが必要なのである。自分と相手の間で無意識のレベルでおきていることは、意識的コントロールをこえてしまっている。

ただ関係がうまくいっていないということで、無意識のレベルで何かおきているということが分かるだけである。関係がこじれるのは無意識のレベルでの交流の結果なのである。

人を愛し、人から愛される能力

「どうでもいいこと」に大の大人が怒るわけ

人間はそんなに立派な存在ではない以上、くだらないことが心理的には大きな意味を持つことを認めることは大切である。

小さな子供がA店のハンバーガーではなく、B店のハンバーガーが食べたいと言う。そんなことどっちだって同じことだと大人は言いたくなる。そして事実どっちだってたいした差はない。たしかに「そんなことどっちだっていいこと」なのである。

しかし心理的にはその「どっちだっていいこと」が「どっちだってよくない」のだ。A店のハンバーガーを食べさせれば小さな子供は不機嫌になったり、騒いだりする。

ところで、小さな子供はそんな時、怒って騒げるが、大人はなかなかそのような小さなことで騒げない。そんな「どっちだっていいこと」が、自分の考えていたほうと違ったからといって、怒ることはみっともなくてできない。しかし、大人だって実は、そんな小さなことで心の底では怒ったり悲しんだりしていることはいくらだってある。

どっちの路を通ったって五分も違わない。そんな時、こちらの路を通らなかったからといって大人が怒るのはおかしい。ただ子供なら、そんな時、自分が通ろうとした路でなければいやだと怒りだす。そしてぷーっとふくれて、ごねだす。すねる。時には親でも手におえなくなる。

ところが、大人だってそんな小さなことでも自分の期待していたことと違えば、心の底で子供と同じように怒っていることが多い。情緒的に成熟した大人ならべつである。そんなどっちだっていいことは、どっちだっていいこととして心の中で処理できる。しかし、多くの大人は子供と同じように情緒的に未成熟である。

ある人は三歳の子供と同じだったり、ある人は七歳の子供と同じだったり、ある人は九歳の子供と同じだったりする。しかし、七歳の子供が「小さいこと」で自分の期待した通りいかなかった時怒るように、三十歳の大人は怒れない。

自分がなぜ、不機嫌になるのだか分からないという大人は多い。自分でもどうしてこう自分がすぐに家の中で不愉快になってしまうのか分からない、と相談に来る人は多い。そういう人は小さな子供が、どのようなことですぐにぷーっとふくれるかよく観察してみることである。

六歳の子供があるドアを自分であけようと思っている。そのドアのところにいく。すると他の人がそのドアをあけてしまう。その子がそのドアをあけようとしたことはその子以外の人は誰も知らない。ところが六歳の子供はそこで「なんであけた」と怒りだすことができる。そのあけた人が親であるなら、親に怒ることができる。

他人の気持を理解できる親なら、そこでその六歳の子供にむかって「ごめん、ごめん、知らなかったの。今度はこういう時必ずあけてもらうからね」と言うだろう。しかし情緒的に未成熟な親だったら子供がふくれたこと自体に対して怒りだす。

いずれにしろ小さな子供にとっては、「ドアなんて誰があけたって同じじゃないか」というわけにはいかない。自分があけようとしたドアを自分があけるか、誰か他の人があけてしまうかは大きな問題である。ことにあけるのが難しい鍵などがついていればなおさらのことである。

ところが、大人はまさかそんなどうでもいいようなことで怒るわけにはいかない。みっともなくて怒るわけにはいかない、というより、自分はそんなことで怒る筈がないと信じている。

しかし事実は、怒る筈のない自分が怒っているのである。怒っているが怒っていることは認められない。なぜなら四十歳の自分が、そんなどっちでもいい小さなことで怒る筈がないからである。いくらなんでもそんな馬鹿な話はある筈がないと思っている。

なんだか分からないけど不愉快になったり、自分でも処理できない不機嫌に苦しんでいる時は、この「筈のないこと」が起っていることが多いのである。自分では意識のレベルで無視しているような、ささいなことで、心の底では無視どころか怒りに怒っていたりする。

そこで自分では、どうしてだか分からないけど不愉快になったりする。自分で自分をもてあましている人がいる。そんな人は、やはり「筈のないこと」に実際には苦しめられているのである。自分で自分をもてあましている人の多くは、自分をかいかぶりすぎている。その人は、たいてい情緒的に未成熟である。社会的にどんなに活躍していても、肉体的にどんなに年をとっていても、心理的には、たとえば五歳なのである。

ところが自分の心理が五歳の子供と同じように、小さなどうでもいいことに大きな影響を受けていると気がついていないのである。小さい頃甘えの欲求を満たされていない者が、馬鹿らしいほどくだらなくて、どうでもいいことに、大きな心理的影響を受けることは決して不思議なことではない。いやあたりまえのことである。

自分の心が素直な人だけが他人の心を理解できる

小さな子供はケチである。弟が何か親からもらえば兄は不満になる。自分が損しなくても、弟が得したことは許せない。憤然として兄は親に抗議する。そしてそれは大の大人だって同じことなのである。自分に何の影響もないことでも、自分の関係する他人が得をすることは許せない。

しかし大の大人はなかなかこれを、七歳の兄のように素直に表現できない。そこでもっともらしい理屈をつける。自分でもその理屈をもっともだと思っていたりする。自分はケチな人間だと認められない。

もっともらしい理屈のつかない時は、なんとなく不愉快になる。なんとなく面白くない。自分より他人がほんのちょっと得したというだけで、そんなに自分は怒っているのだと気づかない。

いろいろもっともらしい理屈をこねまわす大人はたいていケチである。そして自分のケチに決して気づこうとはしない。そこで何か分からないけどよく不愉快になるのである。あるいは不機嫌に苦しむのである。

「何か分からない」のは自分にウソをついているからである。心の底の底では何でだか分かっている。ただ意識のうえで分からないだけである。実際は幼稚でケチな人間なのに、立派な大人だと意識のうえで錯覚しているから「何でだか分からない」のである。

小さな子供は対人的に面白くないことがあれば、自分のおもちゃを相手に貸してあげないどころか、「見てもいけない」などと言って隠したりする。社会的に活躍している三十歳の大の大人だって、実は同じなのである。結婚し六歳の子供もいる父親がその六歳の子供と同じように「見てもいけない」気持になっていることがいくらだってある。そのことを父親自身も奥さんも認めていないことが多い。甘えの欲求は満たされずに抑圧されれば、その人を死ぬまで支配しつづける。六歳の孫を持ったおじいさんも同じである。

それらの人は心の葛藤に苦しみつつ、他人の甘えに批判的になる。子供や孫の甘えを許さない。「そんなことはどうだっていいことだ」と激しく子供を責める。そうした点で心に葛藤のある人は他人の心を理解することはできない。

心の葛藤に苦しむ人の数の多さを考える時、他人の心を理解できる人の数の少なさにまた驚くことになろう。生徒の心を全く理解できない小学校の先生、子供の心を全く理解できない親の何と多いことか。心に葛藤のある人は他人の心を理解できないということは大切な点である。

逆に言えば、心の葛藤に苦しんでいる人に自分の心を理解してもらおうとすることは無駄な努力であるということでもある。人間なんだからお互いに理解できる筈だなどということを言う人は、たいてい他人に対して支配的なものである。他人の心の痛みを無視して、平気で他人を傷つけられる人である。そして他人を深く傷つけながらも、そのことに気づいてすらいない人である。

あるいは、自分の心を全く理解されないという環境の中で育つ悲劇とは最初から無縁な人なのであろう。心の激しい葛藤に苦しむ親に育てられた人間にしてみれば、他人に心を理解されるなどということはまさに焼いた魚が泳ぎだすような別世界の出来事なのである。

ただこのことはべつの言い方をすれば、心の葛藤のない素直な人は、他人の心を理解できるということでもある。実際心に葛藤のない素直な親は、子供が小さなことに怒ったり悲しんだりすることに深い理解を示し、そのような子供の心の動きを受けいれる。心に葛藤のある親は、それは「小さなこと」として処理しようとする。

欠点の少ない人が自分に自信があるのではない

心に葛藤のある人は他人の心が理解できないとさきに書いた。同じようなことであるが、他人を理解できるということが心の健康な証拠でもある。

神経症的な人は卑怯な人と誠実な人とを見分けることはできない。心の健康な人にしてはじめて、卑怯な人間と誠実な人間との見分けがつくのである。他人の心を理解できない神経症者の悲しい現実である。実際の自分に気づいていない者は、ありのままの他人の姿にも気づかない。

他人の心を理解できない者はまた、他人を信じることができない。他人が実際に自分に好意を持っていても、その他人の心を感じとる能力がない。神経症者は自分の心を他人に投影し、それを実際の他人と錯覚する。ありのままの他人をじかに見ることができない。

自分が自分を好きでないのだから、他人が自分を好きであるということが信じられないのはあたりまえかも知れない。他人の「好き」という言葉に安心できないし、信じられない。そういう人は自分が自分を心の底では嫌いなのである。そして自分が自分を嫌いだという自分の感じ方から眼をそむけている。いわゆる抑圧である。

そして抑圧したものを他人に投影する。つまり他人は自分を嫌いだと思う。そこで「好きだ」と言われても何となく信じられない。自分に自信がないという人も、心の底の底で自分を嫌いつつ、その感情から眼をそむけている。

そのような人は、どんなに社会的に名誉を得ても、どんなに他人の好意に接しても、他人の言うことを信じることはできない。表面的には他人の好意は分かる。しかし心の底の底で自分を嫌いな以上、どうしても最後のところで他人の好意を信じきれないのである。

他人の好意を表面的に分かっても、信じきれない人は、自分を心の底で嫌っているのではないかと反省してみることである。他人の好意を得ても、いつその好意を失うか不安でならない人も同じである。他人の好意が何となく居心地わるいという人も同じである。

よく他人の好意に接して疲れるという人に出会う。安心して他人の好意に身をあずけることができない。そういう人は心の底で自分に好意を持っていない人である。

心の底で自分を嫌っていれば、他人の好意が何となく居心地わるいのも当然であろう。

何か今のままの自分ではいけないと心の底で感じているから、どうしても他人の好意を信じきれないのである。今のままの自分でいけないことなど決してない。今の自分でいけないことはただひとつ、自分が自分を嫌っているということだけである。

自分にむけられる他人の感情のうち、心の底の自分のイメージにあうものだけを人は信じる。心の底で自分を嫌っている者は、他人の好意を何となく申し訳なく感じてしまう。だから気持が落ち着かないのである。

他人が自分を好きになってくれるということは、無条件に近いことなのである。他人があなたを好きになった時、あなたの欠点まで好きになったということではない。あなたの欠点は、その他人にとって好きなあなたの嫌いな点にしかすぎない。

決して欠点があるからあなた自身を嫌いになるわけではない。あくまでも「好きなあなた」の嫌いな点であって、それによってあなたへの好意が変わるわけではない。心の底で自分を嫌いな人はどうしてもこのことを分かろうとしない。他人が自分の長所をほめてくれると「嫌いなあなた」の好きな点として理解してしまう。

そこで次々にいいところを見せないと見捨てられるような錯覚におちいる。逆に心の底でも自分を好きな人は、他人に好かれると、自分にはこんな欠点があるから他人に見捨てられるのではないかという不安を持たない。それは今述べたように、自分の欠点は「好きなあなた」の嫌いな点にしかすぎないからである。

自分に自信のある人というのは、自分の短所ゆえに自分が他人に拒絶されるとは思っていない。というよりも、そう思えることが自分に自信があるということである。自分の短所ゆえに自分は見捨てられるかも知れないと不安になる人が、自信のない人なのである。

その人に短所があるかないかということとその人が自分に自信を持っているかどうかということは、べつのことである。自分に自信があるかないかということは、短所、長所という問題よりもはるかに基本的な問題である。

欠点だらけの人だって自分に自信を持ち、生きることを楽しんでいたりする。逆に欠点の少ない人が自分に自信を持てず、生きることが恐かったりする。

他者に本当の自分を知られることを恐れるな

あなたは自分の何を他人に隠そうとしているのか。あなたは自分の何が他人に知られることを恐れているのか。

あなたは心の底で自分に自信がないことを知っている。心の底で自分に失望している。しかしそのことを他人に知られたくない。そのことを他人に知られたくないから、他人にはいかにも自信がある「ふり」をする。

しかし、だからこそ他人に嫌われるのではなかろうか。他人に好かれるか嫌われるか、親しくなれるか、なれないかは案外単純なことなのである。実際の自分を他人に知られたくなくて、隠そうとする。そして心の底で感じている実際の自分と違った自分を、他人に印象づけようとする。そうすることで嫌われることが多い。

心の底にある幼稚な自分の願望を他人に隠そうとする。なぜ隠そうとするかといえば、知られたら軽蔑されるのではないかと不安だからである。心の底にある自分の幼児的願望を相手に知られたら相手から拒絶されると思って必死に相手から実際の自分を隠す。実際にはそのことによって相手から好きになってもらえないのに、その人はそれによって好かれると錯覚している。

実際の自分を隠す人は、隠すことで好かれようとしながら、逆に嫌われているのである。心の底で自分に自信がない人が、その自信のない自分を他人と自分に隠さなければ、他人と本当に親しくなれることが多い。親密になるということはそういうことであろう。

自分の心の底にある幼稚な願望を隠さないことで相手は信用してくれることが多い。幼稚なくせに、成熟した大人のようなふりをすることで、相手は信用してくれない。相手から信用されようとして、必死に「ふり」をするが、たいていは逆に信用されないことに落ち着く。

相手に実際の自分と違った自分を印象づけることに成功することはある。心の底では自分に自信がないのに、相手は自分が自信に満ちていると思う時がある。しかしだからといってその人は生きていることが楽しくなるかというとそうではない。

基本的にはより一層実際の自分から自分が遠くなっていくだけである。より一層生きている実感を失っていくだけである。より一層自分が誰であるか分からなくなっていく。より一層アイデンティティーは崩壊する。より一層自己不確実感は深まるだけである。

要するに、そんなことに成功しても内面の崩壊が一層すすむだけである。やがては生きていることが不安になったり、生きていることが恐くなってくる。

神経症気味の人というのは、自分の心の葛藤に気をうばわれているから、他人の気持を理解する能力がない。他人が自分を好きになってくれても、他人を理解する能力がないから、いつも他人に嫌われるのではないかと不安なのである。

他人は自分の欠点をも含めて自分を好きになってくれているのに、そのことがどうしても理解できない。欠点があったら見捨てられると不安になって、それを隠そうとしてしまう。

それは、もともと神経症者には他人を理解しようという姿勢のないことからくる悲劇である。自分中心に世界がまわっているものの悲劇である。他人の気持を理解しようということより、他人に自分をどう印象づけるかということにばかり気がいってしまう。

そしてこのように自分を印象づければ自分は好かれる、あのように自分を印象づければ自分は嫌われると、一人で勝手に決め込んでいる。しかし実際には、そのように自分を印象づけることで他人の気持は神経症者の予想しているようには動かない。

たとえば神経症的男性は、女性に自分をつよくたくましく印象づければ好意が得られると思っている。その神経症的男性をある女性が好きになったとする。

もしこの男性が、自分は好かれていると感じられれば神経症気味なところはなおっていくだろう。しかしたいていの場合そのようにはいかない。この神経症気味の男性は、好かれたことで嬉しくなり、この女性を失うまいと自分をつよくたくましく見せようと必死になる。

この男性が自分をつよくたくましく見せようと焦るのは、心の底で自分を弱々しく感じているからである。この時この男性は、相手の女性が自分が今見せようとしているようなつよさを自分に期待していない、ということには気づかない。

この男性は一人で勝手に自分をつよくたくましく見せれば、ひきつづきこの女性の好意を保持できると思っている。そしてそのようにしなければ自分は見捨てられると一人で勝手に思っている。

なぜこの男性は一人で勝手にそう思ってしまうのだろうか。それはこの男性が心の底で今のままの自分ではいけないと感じているからである。そう感じているのは自分であって他人ではない。相手の女性はこの男性が心の底で感じているようには感じていないということには全く気がつかない。それはさきにも述べた通り、この男性が相手の女性を理解しようとしていないからである。そのような心の姿勢が全くないからである。

おそらくこの男性は、この女性が期待していないことを次々にするのではないだろうか、そして女性が期待していないことを誇示していることにもちろん気がつかない。

この男性にしてみると、次々に女性の期待していないことをしているために、期待したような女性の反応を得ることはできない。男性は、これをしたら尊敬してもらえると思う。そしてそれができるとすごいだろう、と女性に心の中で言いたくなる。しかし女性のほうは一向にすごいわぁといった反応をしてくれない。

男性のほうは、こんなに自分はすごいのだぞ、と誇示しているのに、女性のほうは、そんなことを全く期待していない。男性の側はほめてもらえないので不服になる。期待した称賛を得られないので面白くない。

逆のことも多い。こんなに自分はすごいのだぞということを示そうとして失敗する。すると男性のほうは、もうこれで見捨てられると不安になる。自信を失っていろいろと失敗の言い訳をはじめる。女性の側はその失敗を全く気にしていない。

人に好かれるということの意味

好かれているということは、相手にことさら何もしてあげる必要はないのである。神経症気味の人はこれが分からない。何かことさらにしてあげなければ、好きになってもらえないし、好きになってもらっても、また見捨てられると思う。

好かれるということは、相手は自分に満足しているということである。何もしてあげなくても、自分と一緒にいることで満ち足りているということである。心の底で自分に満足していない者は、相手が単に自分といるだけで満足しているということが想像できない。そこでいろいろと無理をする。何らかの奉仕をしようとする。何か役に立とうとする。

役に立とうとすることはわるいことではないが、役に立たなければ相手の好意をひきつづき保てないと思っていることが間違いなのである。そしてそう思っているがゆえにいつになっても相手と親密になれない。

おそらく小さい頃自分にとって重要な人の役に立てば気にいられ、役に立たなければ拒絶された体験が尾をひいてしまっているのであろう。そこで大人になっても他人はみな同じであると錯覚している。

そういう人は、今眼の前にいる現実の他人を見ていないのである。その眼の前にいる人を通して、小さい頃自分の周囲にいた大人たちを見ているにしかすぎない。そして今眼の前にいる他人を通して、昔の体験を再体験しているにすぎない。

自分が今いるところ、今接している人を見よう、理解しようという姿勢がないのである。今眼の前にいる人を理解しようとすれば、それらの誤解は一切なくなる筈である。

神経症気味の人というのは、今眼の前にいる人を理解しようとすることよりさきに、その人からわるく思われないようにしようという防衛的姿勢がさきにたってしまう。

この世の中には、他人を理解しようとすることより、わるく思われることから自分を守ろうとするために、全く無駄なエネルギーを使って消耗してしまっている人が多い。

自分が自分を心の底で嫌っている人にとって、相手が自分を好きだと信じることには、何か違和感がある。そのように考えることになじみがないのである。どうもそのように感じることは自分にピッタリとこないのである。そう感じようとしても何か、ウソだろー、という気持になってくる。その感じ方に確かさがないのである。

相手は今のままの自分を好きなのだと感じようとしても、その感じ方が何か頼りない。本当にそう感じて大丈夫なのかなという不安が残ってしまう。

しかしそれは仕方のないことである。それは長年にわたって、自分は他人に何か奉仕した時だけ好かれるという感じ方をして生きてきたのだから。事実小さい頃には、他人に奉仕した時だけ満足されたのであるから仕方ないのである。

小さい頃自分を偽ったり、自分を犠牲にした時だけ気にいられた人にしてみれば、大人になっていきなり、今のままの自分でも他人は好きになってくれると言われても、そう感じることはできないであろう。

しかしやがてその感じ方にも確かさがでてくる。確かにそうだと感じられるようになる。自分が心の底で自分に満足していないということに気がつき、自分が自分に満足できるようになれば、他人もまた欠点のある自分に満足しているということが自然と感じられるようになる。

好意とひいきと共生的関係と

そのようになるまえの感じ方というのは、ひいきされているという感じ方なのである。好かれているという感じとひいきされているという感じとは違う。心の底で自分に満足していないものは、好かれているということを感じられないが、ひいきされているということは感じる。

そして心の底で自分に満足していないものはひいきされることが嬉しいのである。そしてひいきされることが嬉しいというのは、その人の自己中心性をあらわしているし、また他人を理解する能力のないことをあらわしている。

ある人をひいきする人というのは普通の人より依存心のつよい人である。ある人をひいきする人は相手の自由を許さない。ひいきされるということは自分の自律性を犠牲にしてひいきされるということである。

ひいきする人は所有欲のつよい支配的な人である。ひいきされて喜んでいる人は、相手を理解していないから喜んでいるにすぎない。相手を理解する能力があれば、自分をひいきする人の心の中を感じることができるだろうし、そうすれば、そのことが決して自分にとって喜ばしいことではないことが分かるに違いない。

ひいきしたりひいきされたりということが激しくなると、それが共生的関係ということである。お互いに相手と自分の自律性を犠牲にしたうえで付き合いが成り立っている。共生的関係というのは外から見ると一見ものすごく理想的な関係に見えることがある。

共生的関係においてはお互いの間にいさかいはない。意見の対立も、感じ方の違いもない。しかしこれは意見の対立がないのはあたりまえで、自分の意見を捨てているのだから、対立はあり得ない。自分の感じ方を抑圧しているのだから、感じ方の違いが表面化することもない。

共生的関係にあるものはお互いに親密であると錯覚している。お互いに個性を犠牲にして共生しているのであるから、自分の中に核となるものはない。自分の世界というものはない。

いや自分の世界を持つことは、相手を裏切ることと等しい。これが共生的関係である。自律性を犠牲にしない親密な関係においてはお互いに自分の世界を持っている。親密な関係においては、相手が自分とは直接関係のない世界を持つことは裏切りではない。それは決して面白くないことではない。いやそれこそが嬉しいことである。

親密な関係においては、相手が自分と直接関係のない世界で幸せであることを喜ぶものである。ああよかったと思うものである。ところが共生的関係においては逆である。相手が自分と直接関係のない世界で幸せであることは許せない。面白くない。

従って共生的関係のなかで長く生きてきたものは、近くなった相手に対しても、べつの世界で自分が幸せであることを隠そうとするし、また同時にそのことに罪責感さえおぼえるのである。

長く共生的関係のなかで生きてきたものは、親しい相手が、直接関係のない世界で自分が幸せであることを喜んでいるということがどうしても感じとれない。親しい相手との世界でのみ幸せであることを強調しようとする。

そして親しい相手との世界でのみ自分が幸せであるということを、その相手が喜んでくれると思っているし、そのことに心のやすらぎをおぼえる。つまりそうしていることには罪責感がない。

親しい相手との世界でのみ幸せであることを強調することが、その相手を悲しませるということは思いもよらない。ひいきしたりひいきされたりということが中心になっている共生的関係においては、相手との世界でのみ自分が幸せであることを強調すれば喜ばれる。共生的関係が長ければ長いほど、他人と本当に親密になることは難しい。

親子関係が長く共生的であると、大人になっても他人と親密になることができない。親密になることを恐れるし、親密になるということがどういうことか理解できない。

親密になるということは、お互いに自分の世界を持ち、そのなかでそれぞれが幸せであることを喜び、そのうえで共通の世界を持っているということである。そしてお互いが自分の世界で幸せであるからこそ、共通の世界が豊かなものになる。親密になれば、自分の友人が自分以外の友人と親しいことを喜べるということである。

親子が共生的であった場合、子供は親といる時こそが自分の本当の世界であることを強調する。そしてそのように共生的関係が長くつづいた人が、恋人を持つとまた同じようなことをする。つまりその恋人といる時だけが本当に幸せな時であって、あとの付き合いは仕方なしにしているということをことさらに言うことである。そのように強調することが恋人を喜ばすと思っている。恋人が心理的に成長していれば、そう強調することは恋人を悲しませるにすぎないのであるが、そのことには決して気がつかない。

長いこと共生的関係のなかで生きてきた人の罪責感とか良心とかいうものは、依存性の別名でしかない。そのような人は罪責感に苦しんでいるのではなく、自らの依存性に苦しんでいるのである。

共生的関係の見分け方

自分が今親しい人と共生的関係なのか、それとも本当に親密なのかは次のことで分かる。もし心の底に無力感があり、生きることに脅えていれば、それは共生的関係である。無力感があり、生きることに脅えている人は、普通にしていられない。

すぐに虚勢を張ってしまう。かと思うとすぐに弱気になって失望感にとらわれる。

虚勢を張ったり、迎合したりして普通にしていられない人は、他者と親密な関係にあるのではなく、共生的関係にあるのだろう。心理的に成長することで他者と親しくなれるが、また他者と親しくなることで心はつよくなる。つまり虚勢を張ったり、迎合したりする必要がなくなるのである。

また共生的関係というのは独得の雰囲気があって、何となく他人がはいりこめない。そうした点で共生的関係とは排他的でもある。他人を拒絶することで相手に対する忠誠を示そうとするからである。いずれにしても共生的関係で生きている人の世界は狭い。

共生的関係においては、好きなあなたの好きでない欠点というようなことはない。欠点があるけど好きということはない。相手の短所は短所としっかり認識しつつ、それにもかかわらず相手が好きだということは、共生的関係にはない。

あばたもえくぼという言葉があるが、親密な関係というのは、あばたはあばたと認識しつつ、それでも好きということであり、共生的関係というのが、あばたもえくぼということである。

従って相手のえくぼと思っていたものがあばたであると気がついた時には、全部嫌いになる。共生的関係というのは全部好きか、全部嫌いかなのである。絶賛しあっていた恋人同士が一変して激しく憎みあい、罵倒しあうというのは、共生的関係であったからである。

親子の共生関係がこわれていく時もすさまじいまでのドラマが展開される。ある種の宗教的集団の異端者へのとりあつかい、さまざまなグループのリンチ、それらもまた共生的関係がこわれていく時のドラマなのである。

それらの関係者はお互いに親しかったのではなく、しょせん「ひいき」されたり「ひいき」したりの共生的関係でしかなかったのである。

女子高校生のグループが、「あの人と付き合うんなら私達とは付き合わないで」とグループの仲間に言うのと、大の大人のやっていることは同じなのである。その女子高校生の仲良しグループは、どこまで時間を共有しても共生的なものでしかない。

共生関係にあるものは自分達のグループの結束は固いと信じている。しかしこれはきわめてもろいものである。お互いの個性の犠牲のうえに成り立っている関係だからである。お互いの心理的成長の犠牲のうえに成り立っているので、一人一人は心の底で無力感を持っている。

共生的関係というのは表面どんなに親しく見えても、心の底に無力感を持った者同士の異常な結合でしかないのである。そこでお互いに心の底の底では自分は守られていないということに感づいている。だからこそ、ほんのちょっとした違った言動にもお互いに神経をとがらせるのである。

お互いきまりを異常なまでに守り、ちょっとした個性や意見の違いにも過剰な反応をするのは、このためである。表面上は団結がかたいように見えながらも、心の底の底では自分は守られていないと感づいているから、逆に外の世界のことをものすごく気にするのである。共生的関係においては、自分達を外の人はどう見ているかを大変気にするものである。

彼らは外の人に対して演技しつつ、実は外の人の気持が全く分かっていない。外を排斥しつつ外に迎合する。

共生的関係にあるものは、さきにも言った通り、好かれるということが分からないのである。たとえ好かれても好かれていると感じられない。共生的関係にあるような依存性のつよい人でも、やはり時には好かれるということはある。

なぜなら自分のことを他人が好きになってくれるかどうかは自分の問題であるが、同時に他人の問題でもあるからである。情緒的に成熟した者は、たまたま自分と縁のあった者を愛する。

本当に犬の好きな人は、血統書つきの犬ばかりを飼おうとしたり、可愛がるわけではない。そんな人はむしろ犬の好きな人ではないだろう。本当に犬の好きな人はたまたま自分と縁のあった犬を大切にして可愛がる。

縁があったけど雑種だから、こんな駄犬は飼わない、などとは犬好きな人は言わないものである。犬で商売をしている人はべつである。それはそのことで生計をたてている以上、そんなことも言っていられないであろう。他人に買ってもらえるような犬を求めなければならない。

しかし単純に犬の好きな人は、雑種か血統書つきかということでなく、たまたま自分と縁のあった犬を可愛がる。そしてその犬がいろいろ欠点のあることも認識している。一般的には血統書つきの犬よりも価値のないことも認識している。そのうえで自分の犬を大切に可愛がる。あばたもえくぼになったり、血統書つきの犬なんてくだらないなどと、反感だけでは決して犬のことを言わない。

真実の愛は間接的に示される

人間関係についても同じである。心のやさしい人というのは、縁があって知り合った人を、あの人はこんな欠点があるからといって無理に見捨てようとはしない。自然のなりゆきにまかせる。

ところが共生的関係で生きてきたような人は、このように心のやさしい人との接触の機会を生かせないのである。自分が大切にされているのに大切にされていることに気づかないし、大切にされているということを感じられないからである。

心のやさしい人との関係は、なじみの関係ではないのである。従って大切にされ好かれているのにそれを信じることができず、その関係を自分のほうからこわしてしまう。

共生的関係においては愛情は直接的に誇示されるが、間接的に表現されることはない。そして真実の愛は間接的に示される。あるいは間接的に表現された愛は真実の愛であると言ってもいい。

たとえば親子の共生的関係において、直接に頭をなでて、「いい子だなあ」と言うことはある。いや示されるものはたいていそのようなものでしかない。しかし、その子が欲しがっているものを求めて、疲れた体にむちうって歩きまわるというようなことはない。

だいぶまえに、『疑わしき母性愛』という本を読んだことがある。そのなかで二つのことが特に記憶に残っている。ひとつは、不足した真実の愛は過剰なる虚偽の愛よりも子供にとって耐え易いということであり、もうひとつは、今書いた真実の愛は間接的に示されるということである。

ただこの本には、なぜ間接的に示された愛が真実の愛であるかという説明はされていなかった。ではなぜ直接的に示された愛は真実でない可能性があるのに、間接的に表現された愛は真実の愛なのであろうか。

それは間接的に愛情を表現するためには、その子供の心を理解する能力を必要とするからである。他人の心を理解する能力のある人の表現する愛情は本物であろう。

直接的に表現される愛情には必ずしも相手の心を理解する能力を必要としない。たとえば子供をきれいな景色を見せにどこかへ連れていってあげることである。これは子供に表現された直接の愛である。しかしこの時子供はべつにきれいな景色を見にいきたくないかも知れない。いやいきたくないというより、おもちゃで遊んでいたいかも知れないし、友達とピンポンをしていたいかも知れない。

そんな子供の心を無視して、連れていって「やる」こともできる。そして自分は子供のことを考えてやる「よい親」だと思うこともできる。

しかし、たとえば子供が欲しがっているノートがあったとする。そのノートはなかなか普通の文房具店では見つからない。もうメーカーで生産をやめてしまっている。でもたまたま子供がそれを欲しがっている。

その時、そのノートをさがすことに、かげでどれだけ努力するかということが間接的な愛の表現である。あそこの店にいったらあるかも知れない。もしかしたらあの人に聞いたらどこにあるか分かるかも知れない等、いろいろさがすことである。それを忙しいなかでも忘れないということが間接的な愛情表現である。

たまたま誰かに会う。子供とは全く関係のない人である。べつの用事でその人と会っている。そんな時、別れぎわに、つかぬことをうかがいますが、ときいてみる。自分のやりたいことはべつにあるのにそれをがまんして、そのノートを見つけるために時間をさく。そして見つけてあげる。これが間接的に示された愛情である。

そのようにエネルギーを使うためには、子供がそのノートをどれだけ欲しがっているかを分かっていなければならない。

そのノートと違ったノートを持ってきて、このノートだって同じじゃないかと言ってみたり、すぐにノートのことを忘れてしまったりする人は、やはり子供がそのノートをどれだけ欲しがっているか理解できていないからである。

母親の本当の思いやりと自己満足の思いやり

ある高等学校の先生が最近の母親についてなげいていた。その先生は野球部の監督である。野球の練習を母親が見にくる。そしてその子がヒットでもうつと手をたたいて喜ぶ。その子を応援する。

そして練習が終って帰る時にはなんとその子のバッグを持ってあげる。しかしその母親は子供にインスタントの食事をさせている。練習が終ってバッグを持ってあげて一緒に帰るというのが直接的に表現されている愛情である。それに対して、その子の好きな料理をつくるためにその子のいないところで時間とエネルギーをついやすのが間接的に表現される愛情ということであろう。

どのような料理を子供が喜んで食べるかを知っている母親でなければ、そのような愛情表現はできない。直接的に表現する母親は、自分のつくった料理をおいしそうに食べなければ怒る。

子供がおいしそうに食べる料理をつくることに精魂をこめるのではなく、自分のつくったものをおいしそうに食べることを子供に要求する。

あの子は運動して帰ってきた時何を飲みたがるか、どこでゴロンと横になるのか、それらのことを知っている母親が、子供が野球の練習から帰ってくるのを待てる母親であろう。

インスタントの料理を食べさせて、バッグを持ってあげる母親は、自分の感情を子供に押しつけて愛情と思っているだけである。そのことにさからわずべったりとした母子関係をつづけるのが共生関係ということである。

子供と共生関係にある母親にかぎって、夏の暑い日に野球の練習をする子供の帽子がやぶれているのに気がつかなかったりするものである。

共生関係ではなく思いやりのある母親は、バッグを持って一緒に帰らなくても、子供のバッグやユニホームにはいつも注意しているものであり、子供はどのようなものを必要としているか分かっている。

共生関係かそうでないかを見分けるひとつの方法は、プレゼントの選び方である。誕生日であれ、何かを達成した日であれ、その日のプレゼントをさがすのにエネルギーを使う人は共生関係ではない。

共生関係の人というのはいつもベタベタしているくせに、その人のために何かのプレゼントをすることに時間やエネルギーを使わない。そんなことに疲れるのはいやなのである。あるいは忘れている。

つまり共生関係にある人は、自分こそが相手の世界でなければいやなのである。自分には直接関係のないことで相手を喜ばすことができない。相手はこんなことをしたら喜ぶのではないかということの理解ができていない。

共生関係にある人達はベタベタしてはいるが、実を言えばお互いにあまり思いやりがないのである。それだけにいつまで共生関係をつづけても依存性が満たされることはない。ベタベタすること自体がわるいわけではない。甘えの欲求は満たされることによって解消するということは何度も書いた。

共生関係は、いかにもお互いに甘えあっているようで、実は子供にとっては甘えの抑圧になっているということなのである。

今まで書いてきたことから、自分はある人と共生関係にあると思ったら、とにかくその関係から自分を解放することである。ある人と共生関係にありながら心理的に成長するということは無理である。

共生的な親子関係では、親の欲求が優先している

共生関係にあると相手を可愛く思うことには間違いない。親子が共生関係にある時、親は子供のことを可愛く思う。もちろん子供が自分のいいなりになっている時

だけである。ただとにかく自分のいいなりになっている時だけは可愛いと思う。

しかしその時でさえ、子供が何を必要としているかということについては全く無関心である。たとえば子供とプールへいく。夕方遅くなって子供がプールからあがる。その時子供が寒がっていてもそれには気づかない。子供は今寒くないのか、子供はもう疲れているのではないか、子供には服を着ることが必要なのではないか、子供には休養が必要なのではないか等については全く気がいかない。

自分が今子供の泳いでいるところを見ていたいのか、そうでないのかが問題であって、子供が何を望んでいるかは全く問題ではない。自分がまだ子供の泳いでいるのを見ていたいのに子供が帰ると言えば怒りだす。

子供が長いこと泳いでいるので、少し何か食べさせてあげたほうがいいのではないか、ということには気がつかない。あくまでも自分が子供と一緒に何かを食べたいか食べたくないかが問題なのである。

自分がお腹がはっている時、子供がすいているのではないかということには気がまわらない。自分が泳いでお腹がすいていれば、子供に、「何か食べにいこう」となる。その時子供と何か食べたい、と感じる。自分の要求と合致した子供の要求は理解できるが、自分の要求と合致しない子供の要求は全く理解できない。

自分がお腹がすいて子供と何か食べにいきたい時、子供はもっと泳ぎたがっているのではないかということに気がまわらない。親子の共生関係とは、小さい子供が母親をしたうようにして、親が子供を可愛いと思っているということである。

小さい子供が母親に何か頼む時、今母親は疲れているのではないかというような母親への思いやりはない。小さい子供にとってあるのは自分の欲求だけである。そして小さい子供は母親を必要とする。

親子が共生的である時、親は、ちょうど小さい子供が親を必要とするように、子供を必要としている。そして小さい子供が母親の心を理解できないように子供の心を理解できない。小さい子供が自分の欲求に夢中なように、共生的な親は自分のことに夢中である。

困るのは自分のことだけに夢中なくせに、子供を愛していると錯覚していることである。自分が今子供と泳ぎたいかどうかが問題なので、子供が自分と泳ぎたいかどうかは全く問題ではない。

自分と違った感じ方、望みを、共生関係にある相手が持つということが全くあり得ないことになっている。そんなことを考えることはとてもできない。あるのは自分の欲求だけなのである。子供と共生的な親にとって、この世に存在するのは自分の欲求だけなのである。

従って親と共生的に育った人は、自分の欲求というものが持てない。持つことを許されたことが一度もないからである。

親と共生的に育った人は、まず自分は自分の欲求を持ってもいいのだということを理解することである。そして自分の欲求を持つことは決して他人と敵対することではないということを知ることである。

自分の欲求を持つことが他人と敵対することのように感じてしまうのは、それまで共生的な関係のなかで生きてきたからである。共生的な関係にある相手が「仲良くしよう」と言うことは、自分の欲求以外にこの世の中に存在するものはないということをおまえも認めろ、ということである。

言葉としては「仲良くする」ということはよいことである。しかし共生的な関係にあるものと仲良くするということは、自分が心理的に死ぬということである。共生的な関係にあるものに「仲良くなどしたくない」と言えば、言葉としてはきわめてよくないことである。しかし、その言葉の内容は「私も生きたいのです」ということなのである。

共生的関係を保持しようとする人は、死の内容を生という言葉でおきかえる。共生的関係を保持しようとする人はいつも生という名の死をもってくる。

生きようとするものは、相手の表面的な言葉でなく、その人がその言葉によって何を求めているのかということに注意しなければならない。

未成熟な神経症的男性は恋人に母の愛情を求める

ひいきされるということから共生的関係にまで話がとんでしまったが、「好かれる」という感じ方についてもう一度考えてみたい。

実際に「好かれている」のに、なぜそれを実感することができないのか。さきに神経症的な男性が、ある女性にたまたま好きになられても、好かれているということを実感できずに、いろいろと自分の重要性を誇示するということを書いた。

なぜ、好かれることを求めて好かれているのに、好かれていることを実感できないのであろうか。それは大人として好かれることを求めていないからである。あるいは心理的に必要としていないからである。

このように言えば、多くの神経症的な人は、とんでもないと反論するであろう。あるいは神経症の研究者も反対するかも知れない。神経症的な人は、好かれるために生きているような人達だと主張するであろう。それはそれとして正しい。

問題は好かれ方なのである。今書いた如く、彼らは「大人として」好かれることを求めていないし、心理的必要はべつのところにある。彼らが求めている「好かれること」というのは、彼らの依存心、甘えの欲求を満たすことを求めているということである。

大人同士の恋愛関係がすでに成立していても、彼らはそれを実感することができない。彼らの必要は甘えの欲求の満足である。つまりチヤホヤされること、素晴らしいわねえ、すごいわねえとほめられること、自分にいつも注意していてくれること、自分の言うことやることに過大な反応を示すこと、相手が相手自身の世界を持たないこと、自分が相手の世界の中心であること、ほかの人をけなして自分に忠誠をちかうこと等々である。

神経症的男性が恋人に求めているのは、母親が子供をあやすように自分をあつかってくれることとである。彼らは自分の依存性を満足させたいのである。

彼らの心理的必要性がそこにないからこそ、大人の男性として恋されても、恋されていることを感じられないのである。彼らも言葉としては「恋される」とか「好かれる」とかいう言葉を使うし、自分でもそう思っている。しかし、それはあくまでも言葉としてそう使っているというだけにすぎない。

神経症的男性が求めているのは、恋とか友情とかいう名の母性愛なのである。そして彼らが実感できるのは、この母の愛なのである。彼らは甘えの欲求が満たされていない。彼らは心理的に成長した母を持つことができなかったのである。情緒的に成熟した母だけが子供の甘えの欲求を満たすことができる。

子供と共生的関係にある母は、どんなに長い時間子供とベタベタすごしても、子供の甘えの欲求を満たしてあげることができない。子供は甘えの欲求を残したまま、社会的、肉体的に大人になっていく。

そして社会的にいろいろな関係をむすぶようになり、恋人もできれば友人もできる。そして会社の人間関係もできる。

いろいろの人と接しているあいだに「好かれること」もあれば「恋されること」もある。自分も恋している人から恋されて幸せな関係にある筈の人もいる。しかしその幸せである「筈」の人が、幸せではない。

自分も好きで、相手も好きである。それなのに相手に好かれているということが実感できない。隠された依存性を持つものは疑い深いとべつのところで書いた。それは「好きだ」と言われても好きだと実感できないからである。好きだと言われて、好きと感じられなければ、好きだという証拠をほしがる。逆にほんのちょっとしたことでも「好きでないからだろう」という解釈になる。

隠された依存性を持つものは疑い深くもあるが、同時に嫉妬深くもある。相手が自分を好きなのに好きと実感できないから、相手が他人に何かするとすぐにやきもちをやくことになる。

隠された依存性とは、本人が自分の中の依存性に気がついていないということである。従って自分が心の底で真に求めているものに気がついていない。

神経症的な男性は、結局成熟した女性の恋を求めていないのである。恋愛だから、たまたまもののはずみで恋をする。しかしやがてそれはこわれていく。猫に小判とはよく言ったものである。

神経症的な人は相手を信じられない。それは相手の好意とか恋とかいうものを感じられないからである。感じられないということはそれを必要としていないということなのである。あるいはそれ以上に必要としているものがあるということであろう。

男にだまされやすい女性の心理的理由

神経症的な男性は性不能の場合があるが、それでも恋人に性を求める。それは疑い深いからである。すでに自分のものであるのに、自分のものであることが感じられないからである。性をぬきにすでに恋愛関係が成り立っているのにそれを感じられなくて、性によってその恋愛関係を成立させようとする。しかし本質的に求めているものが依存性の満足であるから、性のあとでもまだ恋愛関係を実感できない。

神経症的な人が、相手と関係したと実感できるのは自らの心の底の依存性が満足された時である。従って他人の好意を感じられないくせに、お世辞をまに受ける。

男性にだまされやすい女性というのは神経症的なのではないかと私は思っている。つまりその女性自身は気がついていないが、その女性は本質的に依存性を深く残しているのである。

従って成熟した男性が好意を持ってくれても、それを感じられない。あるいは疑い深くてその誠意を示すことを何度も何度もしつこく求める。本当に好意を持たれても感じられないくせに、不誠実な男のお世辞にコロッとまいってしまう。成熟した男性の好意はどうしても信じられないくせに、プレイボーイの心にもないお世辞をまに受ける、本気にする。

ということは、その女性が心の底で求めているものは大人としての恋や好意ではなく、そのようなお世辞なのである。だからこそそれは容易に信じられる。

本気でその女性のことを思いやり、できれば人生を共にしたいとさえ願っている男性の言葉がどうしても信じられず、遊びだけの男性のウソだけの甘い言葉をいとも容易に信じてしまう女性というのは、自分では気づかない依存性を残しているのである。甘えの欲求が満たされずそれを抑圧したまま、二十歳になり三十歳になり四十歳になっている女性である。

今述べたようなことがおきた場合、多くの女性は「男性の魅力」というような言葉でそれを解釈しようとする。その問題が時にないわけではない。しかしほとんどの場合それは「男性の魅力」の問題ではない。女性自身が気づいていない自らの心の底の依存性の問題である。

隠された依存性を持つ女性は、時に魅力もあり誠意もあり好意もある男性をふりきって、魅力のないずるい卑怯な男性を信じる。そして最後にもてあそばれるだけで捨てられる。

そしてそんな時「私はだまされた」と言う。たしかに「だまされた」のである。しかしその恋した時は心の底で求めていたものが、そのようなウソだけのお世辞だったのである。

お世辞をまに受けたり、遊びの言葉をまに受ける女性というのは、隠された依存性を持つ神経症的な女性である。プレイボーイのウソのだましの言葉をコロッと本気にするというのは、その女性が心の底で求めているものはその種の言葉だということである。つまり心の底の甘えの欲求にその女性は支配されて生きているのである。

その人が誰を信じられるか、誰との関係を実感できるかということは、その人の心理的な成長によって決まる。だまされたと怒るまえに自分の幼児性に気づくことが先決である。そこから新しい出発がはじまる。

自然の感情があなたをよみがえらせる

なぜ自然の欲求をおさえるのか

人間にとって恐ろしいのは自然の感情の流れを失ってしまうことである。支配的な親に感情をおしつけられて育った子は、どうしても自らの自然の感情の流れを見失う傾向にある。

まず自然に自分がある対象に対してある感情を抱くのではなく、それ以前に、その対象に対して持つ「べき」感情をおしつけられる。あることが好きであるか、嫌いであるか、自分の自然の感情に従って感じるのではなく、まずそれ以前に好きであるべきこと、嫌いであるべきことがある。

あるいは好きである「筈」のこと、嫌いである「筈」のことがある。あることを自分が自然に面白いと感じるのではなく、それ以前に、面白い「筈」であったり、つまらない「筈」であったりする。

自分の実際の感情の流れに従えば、つまらないのに、これは面白い「筈」だから、「面白い」と「感じている」子供がいる。これはやはり恐ろしい。自然の感情の流れに従えば「つまらない」のに、面白い「筈」だから「面白い」と「感じている」のである。これと逆のこともある。

自然の感情の流れに従えば、面白いのに、つまらない「筈」であるから、つまらないと「感じる」のである。大人にとってはくだらなくて、つまらないことがある。しかし小さな子供にとっては面白い。

そんな時、支配的で我執のつよい親は、こんなことはつまらないから、あっちへ行こうと言う。あっちのほうがずっと面白い、と言う。

たしかに大人から見れば、こんなところにいるよりは、あっちのほうがずっといいということはよくある。しかし子供はそうは感じていない。

そんな時、我執のつよい親は怒る。そこで子供は自分の自然の感情の流れをとめる。自然な感情を殺して、持っている「筈」の感情をつくりだす。

我執のつよい親は、子供はこうである「筈」だという子供像を持っている。そしてその子供像に実際の子供があてはまらないと怒りだす。

親の保護なしに生きていけない子供は、その我執の親の子供像に自らをあてはめる。自然な自分を、その歪んだ子供像にあわせてつくりなおす。

こんな汚い水のあるところでお魚をとっているのはつまらないことなのだと感じだす。なぜなら、それはつまらない「筈」だから。そしてもっときれいな緑のところでのんびりしようとする。なぜなら、そのほうが面白い「筈」だからである。そして「面白いなあ」と必死で感じようと努力する。自分の自然な感情を殺して、必死で努力して「つまらないなあ」も「面白いなあ」も、それは「面白い」という名の「つまらない」感情でしてつくりあげた感情である。それは「面白い」という名の「つまらない」感情でしかない。しかしそれを認めることはできない。子供が感じるように感じることは禁じられているのである。我執のつよい親が期待するように感じなければならない。

そして支配的な親ほど、子供の感じ方につよい要求を持っている。それは子供の感じ方が自分の心理に影響を持つからである。

それは幼児を見ていればわかる。自分の感じ方を周囲の人におしつけてくる。「ね、すごいでしょ」「ね、面白いでしょ」と自分にとって重要な人間に対して、ある感じ方をおしつけてくる。それに対して、大人が反対のことを言えばものすごく怒りだしたり、ぐずったりしはじめる。

依存心のつよい親、つまり幼児性を残している親は、やはり同じなのである。しかも小さい子供より始末がわるい。なぜなら自らの幼児性を、道徳とか規範という名において正当化してくるからである。

自分の期待通りに子供が感じたり、動いたりしない時に、小さい子供のようにぐずるのではなく、「どうしてお前は……」と道徳を持ちだして責めてくる。

「満足」という名のストレス

たとえば、自分の家族がある家に招かれた。親は劣等感がある。それだけにある偉い人の家に招かれたことで、とびあがるほど嬉しい。しかし子供にとってそれは、光栄でもなければ嬉しくもない。

その家にいけば「あれをしてはいけない」「これをしてはいけない」ばかりである。「大きな声をだしてはいけない」「走ってはいけない」「やたらにそこらの人のものにさわってはいけない」等々で、嬉しいどころか、ストレスがたまるだけである。

しかし劣等感のつよい親はこんな時子供が一緒に嬉しがらないと不満になる。一緒に光栄に感じなければ不機嫌になる。そして「こんないいことをさせてあげているのに」と子供を責めだす。

その時我執の親は「こんないいこと」は自分にとってであり、決して子供にとっては「こんないいこと」でもなんでもないということに気づかない。気づかないというよりも考えられない。

そしてこれをいいことと感じないとすれば、それはダメな子なのである。そして「こんないいこと」をしたのだから、喜べ、感謝しろ、満足したろうとなる。「こんないいことをしたのだから、あとは少し我慢しろ」となってしまう。こんなストレスのたまることをしたのだから、多少わがままになっても仕方ない、とは決して考えない。そして所有欲のつよい親は、子供に「満足したろう」と「満足したろう」「満足した」と言うことを求めてくる。

そこで過剰適応したよい子は「満足した」となる。この子の味わっているのは「満足」という名のストレスなのである。

このように情緒的に未成熟な親に育てられた子は自分の自然な感情を見失う傾向にある。

自然な感情を見失えば、やがて生きることに無意味感がでてくる。もちろんはじめのうちは、意味を感じようと意識的に努力する。しかしそのような努力には限界がある。

実際に意味を感じた時、はじめてそれはその人にとって意味となる。このようなことに意味を感じる「べき」だから、努力して意味を意識的に感じていても、緊張がとれればすぐに心の底の無意味感に負けてしまう。

あらかじめ意味を感じる「べき」ことがあって、それに意味を感じようとする努力は長い一生の間には失敗する。やがて人間のそのような意識的努力は力つきる。

自然に感じるまえに、「あらかじめ」用意されている意味というのは、たいてい「ウソ」である。それは劣等感の激しい親などが、自分の心の葛藤を解決するために、つくりあげた防衛的意味にすぎない。そしてそのようなことに意味を感じるべく子供におしつけてくるのが、我執の親である。

あらかじめ用意されている意味や価値とは反対に、「あらかじめ」用意されている「くだらない」ことというのもある。自然の感情の流れのなかで、くだらないと感じる以前に、あらかじめ、これはくだらないと決められているのである。

自分が試してみる勇気がないために、「くだらない」とあることをしりぞけるのである。「くだらない」とは自分の臆病さを正当化するものである。

臆病な親はやはり子供にそのことを「くだらない」と感じるように求めてくる。虚勢を張っている親などは、自分の臆病さを合理化するために、いろいろのことを「くだらない」と言う。そしてその感じ方を子供におしつけてくる。

子供は心の底で、「やってみたい」とそれをやることに意味を感じているかも知れない。しかし我執の親に過剰適応した良い子である子供は、その「やってみたからである。

い」という感情を抑圧する。そして「くだらない」ことと感じようと頑張る。

我執の親に過剰適応した良い子が、自分が偽るために使うエネルギーは莫大なものである。いわゆる「良い子」が疲れ易いというのもそのためである。同じく生真面目な大人が疲れ易いというのも、実際の自分を偽るのにエネルギーを使っているからである。

お金もうけは卑しいことか

自然な感情の流れに従っていれば疲れないが、それを押し殺して逆のことを言ったりやったりすることで疲れるのである。たとえば人間には「欲」がある。お金をもうけてみたいと思う。

しかし、その時そのような事業をして失敗するのがこわい。あるいはその「欲」を認めてしまうと、今の自分の状態を負け犬と認めなくてはならない。となると、そのお金をもうけること、あるいはお金そのものを「くだらない」こととしておかなければならない。

私などもこのお金をもうけるための仕事を卑しいこと、くだらないこと、最低のこと、恥ずべきこととして徹底的に教え込まれた。ところが私が成長して父親を冷静に見られるようになって分かったことは、父親はお金もうけがしたくて仕方なかったのである。まさに欲の皮のつっぱった人であった。おそらくそこらへんの商売人など、驚いて腰をぬかすほど欲の皮がつっぱっていた。

つまりこの世の中には、自然な感情の流れとしてお金もうけに一番意味を感じるのに、神経症的自尊心からそれを認めることができず、「くだらないこと」と感じようと努力している人がいるということである。

私もお金のことは卑しいこと、恥ずべきことと思い込もうと努力してきたし、自分の中の「欲」を抑圧して生きてきた。自分の中に欲があるなどということを認めることは、死ぬほど辛いことであった。つまりそれは宗教でいえば、破門なのである。

我が家はお金もうけの仕事をする卑しい人などとは違う、高尚な学問をする人の集まりであって、そんな人々と付き合うことさえ恥ずべきことであった。そして私はその家に心理的に依存していた。

そしてその家の中で「あらかじめ」決められていた「意味」や「価値」があった。それは自然の感情の流れにさからうものであった。しかし実際には私の心の中には「欲」があった。

そこで私は青年時代、つくられた感情で生きることになった。私は心の底で生きることの無意味感に苦しんだ。どうしても生きることに意味を感じることができなくなってしまったのである。それだけに「生きる意味」をはげしく求めた。

生きることに意味を感じていれば、「生きる意味」「生きることの意味」などと騒ぎたてることはないであろう。私は青年時代「生きることの意味」を求めて、哲学の本を読みあさり、自分でも書きまくり、意味を求めて実際に世界各地をさまよった。

しかし自然の感情を殺して、つくられた感情で生きながら、世界の果てまで旅行しても、先人の書いた本を読みあさっても、生きる意味を見つけることは無理である。

その人が自然に感じるまえに、あらかじめ感じることが決められているような世界に生きてきた人は、私に限らず誰でも生きることに意味を感じられなくなってしまう。

この世の中には歪んだ閉鎖的な狭い世界に生きていながら、自分達は高尚な世界に住んでいると思っている人が多い。生きる意味を感じるためにはその世界から脱け出すことなのである。

私はある年齢以後、それまでは思ってもみなかった人達と積極的に付き合いだした。そしてそこに自分が生きてきたのと全く違った世界があるのに驚いた。

ある時、親しくなった仲間の一人と飲み歩いていた。その時の話である。仲間の一人が、「人間、欲と二人づれでなければうまくいかんわ。欲のない人はダメやなあ」と言ったのを聞いて、ビックリして歩けなくなって立ち止まってしまうほど驚いた。

私が育った世界では「欲」はよくないもの、卑しい人が持っているもの、恥ずべきものとされていた。それが、あっけらかんと愉快そうに「欲」を肯定されてぼう然としてしまったのである。そして皆は楽しそうに飲み歩いているし、仲間うちの嫉妬もないし、ひがみもない。

辛い時に辛いと感じられる人は救われる

実際の現実がさきにあるのではなく、あらかじめ決められた「良い現実」と「わるい現実」があり、そのあらかじめ心の中でつくられた歪んだ「現実像」に従って現実を「感じる」からこそ焦るのである。

晴れた日は晴れた日で良く、また晴れた日は晴れた日でわるい。晴れた日は良くもわるくもなく、まず単純に晴れた日なのである。曇った日は曇った日でしかない。雨の降っている日は雨の降っている日なのである。

ところが雨の降った日は気分がわるいという決められた感じ方がある。雨の降っている日に、まず心が雨の降っている日と接触するのではなく、気分がわるいというあらかじめ決められた心の中の現実像に従って雨の降っている日を「感じる」のである。

そして「わるい現実」はすべて否定されるべきものと信じている。

辛いとか楽しいとか感じるまえに、辛いと感じてはいけないという規範意識が働いてしまう。心のどこかで、こうして辛いと感じても、それをうち消すように辛い「筈がない」という規範意識が働く。

そして、こんなことが辛いようでは、これからさき生きていけないと思う。しかし実際には心で辛い、辛いと感じている。どんなに意識では辛くない筈だと自分にいいきかせても、心の底では、辛い、辛いと叫んでいる。

辛いと感じるのが恐いのである。なぜ自分が実際に感じているように感じられないかといえば、恐いからである。

なぜ恐いのか、それは自分の存在が否定されるからである。恐怖というのは、自分の存在をないものにしてしまうものに感じる感情である。

小さい頃自分にとって重要である人間に、このように感じなさいと命じられている。そのように感じないことは、その人を裏切ることであり、その結果は自分にとっては死の恐怖である。

小さい頃自分にとって重要な人間というのは、その人の保護なしには生きていけないような人をさしているのである。従ってその人の命令を裏切ることは恐いのである。

それ故辛いと感じるなと命令されれば、辛いとは意識できない。辛いとは意識しないけれど、心の底では辛いと感じていることは辛いと感じているのである。

ある人の期待にさからうことはできない。しかし自分の実際の存在はある人の期待通りのものではない。むしろその人の期待とは全く逆のものである。

そこに生じるのが罪責感である。愛情欲求の満たされていないうつ病者が罪責感に苦しむのもよく分かる。彼らは感じているように感じることが禁じられているのである。しかし人間は感じるように感じる以外に感じようがない。

そこで自分の感じ方を人為的につくりだすのである。自分の自然の感じ方を意志の力で無意識に追いやる。その人達にとって、自然の感じ方とは許されない感じ方である。

許される感じ方、期待される感じ方を意志の力でつくりだす。辛いというのが自然の感じ方であっても、辛くないと感じる自分をつくりあげる。そのほうが恐くないからである。

ある人がどうも不自然であるというのは、その人が恐怖の感情に支配されているということである。その人にとって自然の振舞いをすることは、その人にはできない。その人は恐いのである。そんなことをすれば自分の存在がなきものにされるからである。

小さい頃その人の保護なしには生きていけないという重要な人は、生殺与奪《せいさつよだつ》の権をにぎっている。実際に生殺与奪の権をにぎっているかどうかはべつにして、子供は心の底でそう感じている。

精神的に子供を殺す親というのは数知れず多い。しかし実際に肉体的に子供を殺す親というのは例外である。ただ精神的に子供を殺す親に対する子供の恐怖は肉体的なものである。恐怖というのは殺される恐怖である。従ってこの恐怖の感情は他の感情を圧倒するのである。

辛いことを辛いと感じていい環境で育つことができた人は幸せである。どんなに仕事が辛くても、辛いと感じることが許される人には救いがある。救いのないのは、心の底で辛いと悲鳴をあげているのに、辛くない、素晴らしいと意識している人である。このような人が消耗し、やがてアパシーにおちいっていくのである。アパシーは自己防衛である。もはやこのようなかたちでは生きていけないというサインである。

面白くないことを面白いと感じるように自らに強制して生きてきた結末である。面白くなくて退屈でたまらないのに、こんないい時はないと思わなければならない状態が何年も何十年もつづいている人がこの世の中にはいくらでもいる。

無気力は人生における最も危険な兆候

退屈な時、退屈と感じることが許される人は救われる。しかし退屈と感じることが、重要な人の期待にそむく時、人は退屈と感じることはできない。退屈と感じることが恐いのである。殺されるほど恐いのである。

しかも殺されるほど恐いのに、その恐怖感を感じることも当然禁止されている。基本的な感じ方はすべて禁じられている。殺されるほど恐いのに、その人をやさしいと感じていなければならないのである。

実際には退屈でたまらない。面白くなくてどうしようもない。ところが恐くてそのように感じていると意識できない。そこで楽しい、面白いと感じていると意識する。

そのように意識しているのは恐いからである。しかしこの恐怖感も抑圧される。そしてその恐い人を、やさしい人と意識する。

ここまで実際に感じていることと、感じていると意識していることとが逆であれば、内面が破綻してしまうのはあたりまえである。普通の人からその人を見ると「疲れるなあ」という感じがする。

そういう人はいつも脅えているのである。脅えていることがどこかで他人に分かる。だから言っていることは正しくても、何となく一緒に行動できないのである。

人間は自分にとって重要な人のまえで、素晴らしく期待される人間を演じるために、ここまで実際の自分を犠牲にするものなのである。しかも肉体的、経済的にはその人の保護なしに生きていけるようになったあとでも、そのように「愛される自分」を演じつづけるのである。

それは心理的にその人の支持なくしては生きていけないからである。

「愛される素晴らしい自分」を演じつづける人は恐怖を感じられないばかりではな

い。淋しさも感じられない。その人の期待通りに感じなければならないような人は、心の底で淋しくてたまらないのである。

子供が感じるように感じることを許さないような親は子供を理解していないし、愛していないし、子供と心の交流ができていない。子供は誰とも心の交流ができず淋しい。心の底では淋しくて悲鳴をあげている。淋しくて淋しくてたまらない。体がどうかなってしまいそうに淋しい。

しかし淋しいと感じることは親の期待にそむくことになる。そこで淋しいと感じることを自らに禁じる。そして親の期待する通りに感じる。なんと感じるか。こんなあたたかい親はいない、こんなやさしい人はいないと感じるのである。

自分は淋しい「筈がない」のである。なぜならこんな「やさしい人達」に囲まれているのだから。

どんなに淋しくても、淋しいと感じることが許されれば、それなりにうつ手はあるだろう。どうしたらよいか、それなりに考えることもできるだろう。

どんなに淋しくても、淋しいと感じられれば、それは悲劇であっても生きていける。それは悲劇であっても、悲劇なりの救いはある。しかし淋しいのに、淋しいと感じることが許されていない人には救いがない。

救いのない人生を生きてきた人は、最後には人生に関心を失う。ものごとに興味を失う。ただ「だるい」と感じるようになる。最後には恐怖もその人を動かすことができなくなる。エネルギーを使いはたし、消耗し尽し、ただ「だるく」なる。

自分が実際に感じているように感じて生きてこなかったかどうかをチェックするためには、自分がどのくらいものごとに興味を失ってしまっているか、毎日何もしないのにどのくらい「だるくて」仕方ないかを考えてみることである。

自分の実際の感情、楽しいとか、悲しいとか、面白いとか、つまらないとか、嬉しいとか淋しいとかということで動いてこなくて、ただ恐怖につき動かされて生きてきた人でも、ガソリンがきれる時がある。

恐怖すらもその人を動かせなくなったのである。もはや恐怖すらも感じることができないほどすりきれてしまった。無気力でだるく、ただ肉体が息をしているというだけの意味で生きているようになってしまう。それが結末である。

立派な自分、愛される自分というイメージを捨てよ

そのまえに自分が何で動いているかを自分が理解しなければならない。回復することがないほどの「うつ」になってしまうまえに、自分を理解することである。

ある人を、心の底では恐れている人なのに、やさしい人と意識していることはないかどうか。あなたに処罰を与えた人は誰か。あなたが心の底で恐れている人は、あなたに処罰を与えた人なのである。その処罰の体験で、あなたは「恐さ」を知った。二度とこんな処罰を経験したくないと思った。そしてそれ以後、その処罰を避けるために自分を操作しつづけてきた。

支配的で所有欲のつよい親は、子供にそのように回復不能とも思える傷を与えることがよくある。心身ともに自分の思うように動かない子供にそのような処罰を与える。

我執のつよい親にとって十分良い子などこの世の中に一人もいない。それなのにあなたは十分良い子になろうとした。

我執のつよい親はいつだって子供に失望し、不愉快になる。我執のつよい親に失望されない子供などこの世の中に一人もいない。

それなのにあなたは親に失望されて、その夜ベッドのなかで、自分は世界で最もわるい子だ、と考えた。我執の親を肯定して自然な自分を否定した。

その時あなたは親に向ける怒りを自分に向けた。そして親の前で「立派な子」「立派な人」を演じつづけてきた。その時否定すべきだったのは親の支配性だったのである。

今からでも遅くはない。自分はそんなに「立派な人」ではないのだと認めることから出発するしかない。自分は立派な人間だという自己像にあなたがしがみつくのは、あなたが自然な感情で生きていないからである。

あなたは「立派な人間」という自己像を大切にして生きてきた。もしかすると命より大切にして生きてきた。そしてその大切な自分のイメージを捨てることは死ぬほど難しいことかも知れない。

しかし今あなたは生きかえろうとしているのである。だからその大切にしていた自分のイメージを捨てるしかないのである。「大切にしていた」と言うと言葉はよいが、「しがみついていた」と言ったほうが適切なのである。それにしがみついて死のほうに流されてきてしまったのである。

だからこそ、今までしがみついていたその自分のイメージから手をはなすことなのである。それにはたしかに不安が伴う。

だが、自分は立派な人間、良い人間、愛される人間だという自分のイメージにしがみついていた時の心の底を、勇気をふるってのぞきこんでみることである。

そこに「弱々しい自分」を感じていなかったであろうか。

ここが大切なところなのである。たしかに立派な人間、良い人間、愛される人間という自分のイメージは大切である。しかしそれは同時に「弱々しい自分」「決断できない自分」「頼りない自分」「無力な自分」というもうひとつの自分の感じ方を伴っていたのである。

だからこそ、立派な自分、良い自分という自分のイメージから手をはなさなければならないのである。立派なこと、良いことを否定しているわけではない。言いたいのは、あなたがしがみついている「立派な自分」「良い自分」というのは本物ではないのだということである。

その現在の立派な自分というイメージにしがみつくことをやめる、それから手をはなすということは決してわるい自分になるということではない。力強い自分、決断できる自分、頼りになる自分、愛することのできる自分、行動力のある自分、挑戦する自分、自信に満ちた自分になるということである。

正確に言えば、自分を頼りなく感じているからこそ、立派な自分を演じて他人の期待にそうかたちで生きていこうとしているにすぎないのである。あなたがしがみついている立派な自分というイメージは、裏をかえせば、迎合する自分でしかないのである。

立派な自分をあくまで立派な自分と主張するなら、立派なことは生きることを否定することになってしまう。

「立派な自分」という名のイメージで弱い自分を合理化しているにすぎない。だからこそ捨て難いのである。

自分を大切にすることからすべてが始まる

親離れすることの意味

私の親離れのためのひとつのエクササイズは、他人に対して自分が権威となって、責めないということであった。他人に対して自分が抑圧的になった時、私は自分が自分でなくなるような気がした。一口で言えば不愉快なのである。他人に対して責める口調になって命令している時、気分がよくないのである。

そしてある時ふっと気がついた。さきに言ったように、他人が自分のためにならない時、他人を責めながら自分が自分でないような不確かさを感じるのである。そしてさらに気がついたのは、そのような時私の心の中を占めているのは、私自身ではなく支配的な私の父親なのである。

他人に対して不満になり支配的になった時、私は私でなく、私が恐れた父親に私がなっていたのである。私の自我状態は父親となっていた。小さい頃恐れた父親に自分がなってしまっていて、自分がどこにもいなくなってしまっているのである。

私の心の中は、私が内面化した支配的な父親に占領されてしまっていて、その他のものは心の中から追い出されていた。それに気づいた時私は、私自身を育ててあげなければいけないと感じた。

それ以後自分が他人に対して支配的になり、他人を責めそうになると、必死になってそれを止め、自分にもどることに努力した。

また他人に迎合した時も同じであった。他人に迎合してある人をけなしたりした時、やりきれない不快感におそわれた。しかしそれはどこかで感じなれたものであった。ある時気がついたのは、やはりそれは自分の少年時代、青年時代であった。私はその頃父親に気にいってもらうために、よく社会的に偉い人などをけなした。

劣等感のつよかった父親が、それを喜んでいたのがよく分かったからである。三十歳をすぎて他人に迎合した時、私はその頃の依存的な自分を再体験していたのである。

他人に迎合することによって、私は自分の情緒的未成熟を育成していたのである。それが分かってから、私はつとめて他人に迎合することをやめた。他人に迎合している限り、自分はいつになっても実質的に親離れできないと感じたからである。

私達は親に対する抑圧された感情を解放した時、これで自分の親離れは完成したと思いがちである。たとえば親に対する憎しみを意識できるようになると、これで自分は親からの心理的離乳をなしとげたと思ってしまう。

しかし決してそんなことはない。他人に対する自分の態度、他人に対する自分の感じ方、自分に対する自分の感じ方などを変えることができてはじめて、心理的離乳は完成したと言えるのではなかろうか。そうなってはじめて本当の自分になれたと言える。

幸運な親子関係に恵まれた者にとっては、心理的離乳というのはかんたんにできることであるが、親子関係が共生的関係であったような人は、これで心理的に離乳できたと思っても、なおその関係に支配されているということが多い。

たとえば親に対する無意識を意識化できたことと、自分が依存的でなくなったということとはべつのことである。たしかに心の底にある親に対する実際の感情に気づくことは、心理的離乳にとって何よりも重要なことである。

しかしそれに気づいたことで自分は自律性を獲得したと思ったらたいへんな間違いである。気づいたことは何より大切なことであるが、自律性を育てていくことはまたべつの仕事である。

実際の感情に気づかなければ、依存性の克服のしようがない。気づかなければ自分が依存的なのに、愛情ぶかいと思っているのだから、自分の変えようがないのである。

気づいただけで自分はもう大丈夫と思っていると、依存の対象を変えただけということになる。親離れしたつもりで自分の配偶者に依存しているという人は大変多い。それでは、結局のところ親子関係が変わっただけで、それ以外のところが変わっていないということになってしまう。

次に考えなければならないことは、親によって満たされなかった愛情欲求をどう自分は満たそうかということであろう。そうなれば自分はどういう人と付き合おうかということに真剣になるだろう。

私の場合は、親との間で味わった感情を味わわないですむ人を求めた。まず第一に相手のご機嫌をとる必要がないという条件である。私は父といる時いつも緊張していた。それはとにかくいつも父のご機嫌をとっていなければならないからである。

このことを言うと喜ぶのではないか、この話題は避けたほうがいいだろう等、いつも父親の顔色を見ていた。私はご機嫌をとることに疲れてしまっていたのである。そして何よりもご機嫌をとらなければならない相手とは付き合いを楽しめなくなった。

私は大人になって、父以外の人間と一緒にいる時も相手のご機嫌をとろうとしていた。それだけに人といることは疲れた。一人になるとほっとした。

しかし今考えてみると私はおそらく間違っていたのであろう。私がたまたま一緒にいた人の多くは、ご機嫌などとる必要のない人達であったに違いない。逆に、なかには私のそのような態度に不快を感じた人もいただろう。

積極的な生の感情を育てるために

一口で言うと、小さい頃から私は心理的に父の〝おもり〟をしていたのである。どう言ったら父を喜ばすことができるか、そればかり気にして生きていた。

ここでおいしいと言ったら喜ぶか、ここでまずいと言ったら喜ぶか、ここで笑ったら喜ぶか、ここで悲しんだら喜ぶか、それればかり考えていたのである。これを買って下さいと言えば喜ぶか、こんなの嫌いだと言えば喜ぶか、海に行きたいと言えば喜ぶか、どこにも行きたくないと言えば喜ぶか、あの人は最低だと言えば喜ぶか、あの人は卑怯だと言えば喜ぶか、ここでとんではねれば喜ぶか、ここで眠そうにすれば喜ぶか、父と一緒にいる時はそればかり気にしていた。

自分の気持に正直であったことなど一度もないし、それよりも正直であろうという姿勢もなかった。たとえば父と一緒にドライブに行くとする。まず、いつ、「行きたいです、ドライブに連れていって下さい」と言うかというタイミングである。父がそれを言ってほしいと思っている時に言わなければならない。私自身が行きたいか、行きたくないか、それは全く無関係である。自分自身が心の底の底で行きたいか行きたくないかと言えば、いつも心の底では行きたくなかった。

心の底では行くのがいやでも、とにかくドライブに連れていって下さい、と言う。それが承諾された時、わぁー嬉しいと叫んで家の中ではしゃぎまわる。それは私にとって辛い演技であった。

父は自分がオーナードライバーであることを得意になっていたので、その心をいつもくすぐる必要があった。三歳の子供をあやすのと全く同じである。親が三歳の子供に「○○ちゃん、そんなもの持ってんの、わぁーすごい」と言うのと同じである。

とにかく出かけることになる。車に乗ってからがまた大変なのである。決して気をゆるめることができない。今父は運転に真剣で、周囲が静かにしていることを期待していると思えばしーんとしている。運転にゆとりがでてきて楽しそうにすることを期待していると思えば、わぁー楽しい、と騒ぎだす。

いつも気を張っていても、時にそのタイミングを間違えることがある。すると、たとえば父は「そろそろはじめてもいいぞ」と言う。その言葉をきいて、わぁー楽しい、とはじめる。

しかし、しーんとしていることを期待されてしーんとし、次の瞬間急にうきうきすることは演技だけでも疲れる。つまりドライブ中ずーっと父をあやしていなければならないのである。

疲れましたか、ときいては後から肩をたたく。終るとすぐ、いい景色だなあと言う。まさに三歳の子をあやしつづけるのと同じである。

父の中の子供と、私の中の親の部分とが交流しているのである。この立場の逆転は日本の社会ではよくあると言われる。親が子に甘えるというのは、日本の社会では決して珍しいことではない。もちろんこれはアメリカにもある。アメリカでひらかれるセミナーなどに参加すると、やはりこれはよく問題になる。

子供の心の中にも他人を世話するという姿勢はある。たとえば五歳の子供は五歳の能力で、三歳の弟を世話しようとする。一緒にお風呂にはいれば、洗ってあげようとすることもある。それを子供の心の中の親とすれば、これが大人の中にある子供と交流を結ぶ。これが立場の逆転である。

つまり私個人のケースで言えば、私はおもりをされるのではなく、いつもおもりをさせられていた。そこで私は他人と一緒になるとすぐに、その人のおもりをしようとしたのである。

しかし私の心の底にあるのは、逆におもりをされたいという欲求である。すくなくとも私は、もうおもりをする付き合いはいやだと思った。

そして私は、おもりをする必要のない人と付き合おうとした。しかし私は父をはじめとして、他人のおもりをしている時、自分の心の中の幼児性には気づいていなかった。おもりをされたことのない私は、心の底で貪欲なまでにおもりをされたい欲求を持っていた。つまり父の心理的おもりに専念して大人になってみると、私自身の中の子供が全く満足されないまま、そのまま残っていることに気がついたのである。

自分の中の幼児性に気づこうとしない者、その幼児性から眼をそむける者は、身近な弱い者を選んで、それを間接的に満たそうとする。そのために選ばれた者は犠牲者である。たとえば神経症になる。

言行の立派な人で神経症になってしまう人は、自分の中の幼児性にまけた人である。あまりにもそれが満たされなかった人であろう。そして本人もその自分の中の幼児性から眼をそむけたために処理しそこなったのである。

社会的に立派に活躍している人が、五歳の男の子と同じようなことで不満になったりするというのは考えにくいが、実際そうなのである。自分の肉体が三十歳だから自分の心も三十歳だと思うのは決定的な間違いである。自分は心身ともに立派だと思っていると、自分の中の幼児性が満たされない時、ついつい立派な理屈をつけてしまう。しかしそれはみな口実である。人間関係で困るのは愛という名の幼児性、道徳という名の幼児性、正義という名の幼児性である。

自分の中の幼児性を人前に示すことはないが、実際にあるのにないと言いはることは心の病につながるだけである。あるものはあると認めて自分がケアをする。それが本当の大人であろう。

私達の心の中には、内面化した親から、消化されない幼児までいろいろのものがある。そうした自分に気づいて、そのなかから自分を育てあげていく努力をすることが大切なのである。

自分の心の中のさまざまな状態に気づかないと積極的な感情は育たない。信頼、親しさ、情熱、喜び、魅力などさまざまな人生の良いものは、実際の自分から眼をそむけると同時に逃げていく。

そして心の中は恐れや無力感や敵意や嫉妬や困惑や、さまざまなマイナス感情にしめられてしまう。他人との関係で実際の自分を否定することは自分にも他人にもマイナスである。そのような人間関係は、双方に最終的に何の喜びも与えないであろう。

何が私にとって真実であるのか、それを自分に静かに問うてみることである。

他人は他人でしかなく、あなたを傷つける力など持っていない

自分の言った言葉が他人にどう受けとられているかいつまでも気にしている人がいる。あの人は気分をこわしたのではないか、そしてあの時のあの態度は自分を責めていたのではないか、あの時の私のあの言葉を、私があなたを嫌いだという意味にとったのではないか、いつまでもいつまでも気にしつづける人がいる。

相手がもはやその言葉を忘れてしまってからも、ずーっとその言葉を気にしている人がいる。そういう人は実は我執の人なのである。すっかり自分のことだけにとらわれてしまっている人なのである。一口で言えば思いやりのない人である。

もし相手のことを思う心のゆとりがあれば、その人は相手がもはや自分の吐いた言葉を忘れていると気がつく筈だからである。相手が自分をわるく思うのではないかということばかり気にしていて、かんじんの相手そのものに対する思いやりが完

全に欠如しているのである。

相手に対する理解力がないからこそ、このようなことがおきてくるのではないだろうか。相手は自分の吐いた言葉など忘れて、今楽しく他の人と話している、あるいは自分の仕事に没頭しているということが理解できていないということである。

相手の笑顔が何を意味しているか分かっていないということである。我執の人であれば我執の人であるほど、他人を誤解する。その人が防衛的になっていればなっているほど、他人への理解力はなくなっている。そうした意味でいえば、防衛的な人は他人に好かれようとするあまり、実際には他人の心をつかむことができなくなってしまっている人なのである。

いつも自分を守ることを考えていないと不安になってしまうので、ついつい防衛的になってしまうが、他人のことを考えれば、他人がそれほど自分にとって脅威にはなっていないことがよく分かるであろう。他人を自分にとって脅威にしてしまうのは、ほかならぬ自分の防衛的な心の姿勢なのである。

他人に対する思いやりができてくれば、他人はそれほど自分を傷つけはしないし、他人は自分を傷つけるだけの力を持っていないということも分かってくる。他人は他人でしかないのである。他人に心を開くと、そのことが分かってくる。

他人が自分を傷つけるだけの力を持っているのではなく、他人は他人でしかないということが感じられてくるというのが自立ということの意味ではなかろうか。

他人が自分を傷つけるだけの力を持っているということが、他人に心理的に依存しているということの意味である。たとえ他人が自分に対して好意を持っていても、他人に心理的に依存している限り、他人は自分を脅かす存在である。

他人に心理的に依存しなくなってはじめて、他人の好意を感じられるようになるのではなかろうか。他人に心理的に依存している時には、他人に甘えるという関係で他人に対することができるが、他人の自分への好意を感じることはできない。甘えるということは要求である。他人の好意を感じることができるというのは要求ではない。他人が他人の自発性において自分に好意を持っているということが感じられるということである。

要求して好意をひきだすわけではない。他人の責任において自分とは関係なく自分に好意を持っているということが感じられて、はじめて他人の好意が分かるということであろう。

うつ病的傾向の人が、他人の好意に対して気がひけてしまう、他人の好意にとっぷりとつかることがどうしてもできないというのは、うつ病的傾向の人の依存性をあらわしているのである。

他人が自分に好意を示すのは、他人にとっても喜びであって、決して他人の心の負担にはなっていないということがうつ病的傾向の人には分からないのである。だから今度は逆に他人に負担になるようなことも平気で要求してくるということにもなる。要するに全く他人が理解できていない。ただ、ただ、自分、自分なのである。

大人になり他人が理解できるようになって、はじめて他人との付き合いが気楽にできるようになる。社会的に大人になっても他人を理解する能力のない人は、他人と気軽に付き合えない。他人と付き合うことは気が重いことなのである。そして実際そのように依存的な人は他人に迷惑をかけてしまうこともある。他人の好意を感じることができないということは、他人に対して迷惑をかけても分からないということでもある。

他人に対して依存的でなくなると、自分一人でいる時と同質の気軽さで他人と一緒にいることができるようになる。他人が自分に対して脅威でなくなるのだからあたりまえの話である。

恥ずかしがりやの人も同じである。他人の好意を感じとることができないから、恥ずかしいのである。人間の心理的な成長というのは、ある人々にとっては本当に難しいことだと思う。それは、心理的に成長するためには好意が必要なのに、好意の必要な人が、他人の好意を感じとることが難しいのである。

そして逆に心理的に成長した人は他人の好意を感じとることができる。それだけにある人々にとっては大変難しい心理的成長が、べつの人々にとっては気づかないうちに達成できてしまうことなのである。

他人と共にいることを恐れてはいけない

私自身は大変苦労したほうであった。私が成長する過程で自分にいいきかせていたことは次のようなことである。この世の中には情緒的に成熟した人はたくさんいる。他人に好意を示すことがその人の喜びでもあるような人がたくさんこの世の中にはいる。この世の中には素晴らしい人がいっぱいいる。

それに対して不運にも自分は今はそのような素晴らしい人ではない。自分は今はきわめて依存的な人間で、他人は自分にとって脅威である。しかし自分と他人は違う。心理的に成長している人は、私が感じるようには感じない。

ここが私にとっては大切なところであった。心理的に成長した人は私と同じ感じ方をしていない。つまり他人と気楽に一緒にいられる。他人と一緒にいることが嫌ではない、他人と一緒にいることを楽しめる。

私はあまりにも恩着せがましい父親に育てられたので、自分は他人にとっては負担でしかないのだと自分を感じていた。自分は愛されない存在で、自分は他人の負担でしかない。他人は自分と一緒にいたくない。誰も私と一緒にいることなど喜んではくれない。そのように自分の存在を感じていた。

自分は他人にとって負担でしかないと、私は小さい頃決め込んでしまったのである。その心の底の思い込みを変えることは、口で言うほど易しくはなかった。自分は他人にとって負担であると決め込んでしまえば、自分もまた他人といることが嬉しくはない。嬉しがられていないと分かっていて、どうしてそこにいることが嬉しいであろうか。

自分が相手に負担であると感じるということは、自分もまたその人といることは楽しくない。嫌である。その人といることは自分も気が重い。

私は大人になっても、他人と付き合うことを心から楽しむことはなかなかできなかった。しかし、私が自分にいいきかせたのはさきに言ったことである。

他人は付き合うことを楽しむ。付き合いというものを、他人は自分が感じるようには感じないということである。自分は気が重くなって、ある人と別れたくなっても、相手は自分といることを気重に感じていない、と自分にいいきかせたのである。

自分にとって相手は脅威であり、相手と一緒にいることに脅えているが、相手は自分と一緒にいることに脅えてはいない。依存的な自分が感じるように自立的な相手は感じていないということを、一生懸命自分にいいきかせたのである。

他人と一緒にいることが気が重いからといって他人を避けていては、いつまでたっても他人の好意を感じることはできない。私は、依存的な自分が感じるように心理的に成長した他人は感じないと、自分にいいきかせつつ他人を避けるということはしなかった。他人を避けなければ他人の好意を感じる機会は自然と与えられる。

私は外国にいくと、日本にいるよりついつい人を避けたくなる。ひとつには言葉とか文化とか雰囲気とかいう異質性のためであろう。私が小さい頃勝手に一人で決め込んでしまったこと、自分は他人にとって負担になる存在であるという感じ方は、外国にいくと日本よりつよく感じられた。

外国によくでかけるようになった頃には、その感じ方はきわめて不合理なものであるということは分かっていた。その感じ方は何も知らない小さい頃に、一人で勝手に決め込んだことにすぎないと分かっていた。それでも、自分の感じ方は頭で考えるようにはすぐに変わらなかった。

外国の大学で学生として授業やゼミにでていた時である。私は自分はこのゼミの負担ではないかと恐れていた。小さい頃決め込んだ感じ方にしたがって、自分は他人のお荷物とまた感じていたのである。

そんなある時、仲間達が、君のおかげでこのゼミがより魅力的になったと言った時、本心で驚いた。わが耳を疑ったことはもちろんである。

他人は私の世界や視野を広げてくれることはあっても、私が他人の世界や視野を広げることはないと、何の理由も、根拠もなしに心の底で信じていたのである。

それが、私が外国人としてそのゼミに参加していたことが、そのゼミでの議論を興味深いものにしたと言われた時はとまどった。君はこのゼミに貢献したと言ってくれた人のことを今でもはっきりおぼえている。

そしてその友人は、君がこのゼミに貢献したことの思い出にとカセットをくれた。ある本を読んでふき込んでくれたのである。それ以後も何度か同じ体験をした。

あるグループにとって、自分は負担ではなく重要な貢献をしていた、ということはもっと若い頃には決して信じることのできないものであったろう。

相手の好意を素直に楽しめる人間になる

私達は小さい頃「何の根拠もなしに」自分についてあることを決め込む。その子にしてみればそれなりの根拠はあるのだが、大人になってみれば、それは客観性に欠ける根拠である。小さい頃自分が一人で勝手に決め込んだことは間違いであると、大人になって分かってからも、その人はその小さい頃決め込んだことに支配されてしまう。

決め込んだのは自分である以上、それから自分を解き放つのもまた自分である。いや自分以外の人にはできないことなのである。小さい頃、自分は愛されない存在だと情報不足のなかで決め込んだのは自分なのである。そして大人になって、それには何の根拠もないと気がついた以上、今度は「自分は生きるに値する存在なのだ」と自分で決めなければならない。

これは他人が決めることのできないものなのである。幸いにもその決断を助けてくれる人はいるかも知れない。しかし決断するのはあくまでも本人である。

大人になるまでに私達はいろいろの人に出会っている。なかには私達に好意を示さなかった人もいるが、逆に好意を示してくれた人も数多いのである。それにもかかわらず、自分は愛されない存在だと決め込んだがゆえに、その好意を感じとることができなかった。

私達が自分は生きるに値する存在だ、愛される存在になれるのだと決断することは、他人の好意があるからではない。今述べたように、実際には好意が今までだってあったのである。しかしその好意を感じとり、その好意を喜ぶ能力がなかったのである。

その能力をやしなうために何よりも大切なのは、自分は生きるに値する存在だと自分が決めることなのである。こちらから何かおかえしをしたりしなくても、相手は自分といることを楽しんでいるのだという感じ方をつくりあげるためには、自分が自分を卑しめてはならない。

そんなに相手の好意に恐縮することもないのである。好意にあまり恐縮することは、自分がそれに値しないと思っているからである。それにあまり恐縮することは相手に失礼でもある。相手の好意を無にしてしまうことにもなりかねない。

相手の好意を素直に楽しめばよい。自分が特別な人間だから好意を示してくれるのではない、自分が何かを達成したから好意を示してくれるのでもない、たまたまそのような縁があったから好意を示してくれるのである。

縁があって好意を受けていると感じられない人は、自分が何かを達成すると今度は縁のない人にも好意を強要してきたりする。あるいは自分は他人と違って特別に好意を受ける資格のある人間だと思ったりする。

ことさらに恐縮するのは、自分が好意を得るに値しない人間だと思っているからである。しかしそういう人は、逆に何かあると自分は当然他人の好意を期待してい い人間なのだというように変わってしまう。ことさらに恐縮する人間はまた思いあがりやすくもある。

自分は生きるに値する人間だという決断は、人間の心理的成長には欠かせないものである。小さい頃、たしかにその人の周囲にいた人は、その人にむかって無意識に「私はあなたを嫌いだ」と告げていたかも知れない。

そしてその結果あなたは「私は私を嫌いだ」と決め込んでしまった。さらに「人は信頼できない」とも決め込んでしまった。

なぜ他人の眼が気になるのか

誰からもよく思われたいということはそれだけ愛に飢えているということであ

る。誰と会っても、すぐその人にどう思われているか気になるというのも、それだけ愛と承認に飢えているということである。

小さい頃からの愛情欲求が満たされていれば、他人から自分がどう思われているかということはそれほど気にならないであろう。小さい頃からの愛情欲求が満たされていれば、自分に近くない他人というのは、それほど自分にとって大切な筈はないであろう。愛情と承認に飢えているから、誰かれかまわず無意識にそれを求めてしまうのである。

愛情欲求が満たされていれば、他人からよく思ってもらうなどということはそれほど重要なことではない。よく思ってもらえればもらえたで、それは〝有り難う〟ということであって、それ以上の価値は自分にはない。実際の自分を偽ってまで、よく思ってもらうなどということは、愛情欲求の満たされた人には考えられないことである。

自分のさまざまな不満をお酒でまぎらわす人がいる。なかにはその不満からアルコール中毒になる人もいる。しかし他人からよく思ってもらいたいと自分を偽る人も同じである。「よく思ってもらいたい」中毒なのである。

アルコール中毒の人が、自分の体をこわしてまでアルコールを常用する。アルコールなしには生きていけない。かといってアルコールを飲んでいる時、それほど幸せかというとそうでもない。これは麻薬中毒者についても言える。アメリカの大学で麻薬のゼミをとって、中毒者の勉強をしていた時がある。その一年間のゼミで私が一番つよく印象をうけたのは、麻薬常用者というのは、麻薬を飲んでいる時も、不幸であるという事実である。

そしてその麻薬のために体はボロボロになる。アルコールも麻薬も、得るものは何もないのに犠牲にするものがあまりにも多い。しかしそれにもかかわらずそうなってしまうのは、その人達の飢えであり、不満であろう。

あまり日常的に関係のない人にまで、自分を偽ってまでよく思ってもらおうとする人達も同じであろう。それだけ愛情に飢えているのである。そしてやはり得るものは少なく、犠牲にするものはあまりにも大きい。

アルコール中毒者が、飢えているのと同じように、自分も愛情に飢えているということを意識することが何より大切であろう。アルコール中毒者がアルコールで体をボロボロにするように、「他人によく思ってもらいたい中毒」者はよく思ってもらおうとして心をボロボロにしてしまう。

他人に自分をよく印象づけたいということが行動の動機の中心になっている人

は、自分の心は愛に飢えているということ、そしてすでに心はボロボロになっているということをまず自覚することである。

あまりにも愛に飢えているので、その飢えを自覚できない人が多い。すこしでも満たされれば自分がいかに飢えているか分かるのであるが、あまりにも飢えていると、飢えていることにさえ気がつかない。

他人によく思ってもらいたいということが行動の動機の中心になっている人が、ひとたび自分の中の愛のかわきに気づくと、がく然とするのではなかろうか。自分がここまで愛に飢えていたのか、自分の心はここまでかわいていたのかと芒然とすることだろう。

その時、自分の心はあまりにもかわいていたのでかわきに気がつかなかった、ということを認めることができるにちがいない。小さい頃、人間の心の成長に必要な愛が自分には与えられなかったので、大人になって、あまり関係のない人にまでやたらに愛と承認を求めているのだと気がつくにちがいない。

そしてその愛情欲求不満ゆえに、自分の心をそまつにあつかいすぎたのである。

それはアルコール中毒者が自分の体を大切にしないのと同じである。

このことに気がついた人は、まず自分を大切にすることを心がけることである。

自分を大切にするということは、自分にやさしくするということである。自分が自分に対してやさしい母親のようになることである。

自分が自分の理解者であり、自分の保護者になろうとすることである。決して自分に対して批判的になってはいけない。

愛情欲求の満たされていない人は、批判的な親に苦しめられつつ育った人なのである。理想を言えば、その実際の母親が批判的ではなく、理解者であればよかった。しかしそれを言ってみたところで、他人の眼を気にする自分がどうなるわけでもない。

恥ずかしがりやの人、うぬぼれのつよい人

恥ずかしがりやの人は自分に対する最悪の批評家である、というのはジンバルドーの言葉である。人間の心が成長するのには順序がある。まずやさしい理解者がいて、その次の段階で批判者がでてくるのはかまわない。しかし、やさしい理解者がいないのに、いきなり厳しい批判者と接したら、その人の心は破壊されてしまう。あまりにも恥ずかしがりやの人などはこの例である。

恥ずかしがりやの人ばかりでなく、他人が自分をどう思っているかばかり気にし

て生きている人も同じである。本当のやさしさに接することなく、人生の大切な時期をすごしてしまったのである。

そのうえ自分までが自分に批判的になる必要はない。自分は自分にやさしく、養育的な態度で接することである。

ただ人間の心の成長というのは本当に難しいものだと思う。それは、心やさしい母親に育てられた人は、大人になってほっておいても自分にやさしくする傾向がある。

しかし、恥ずかしがりやの人の例にみるように、子供の心を理解する能力のない母親に育てられると、その人は自分に批判的に接するようになる傾向がある。

虚勢をはっている人なども同じである。心の底で自分に批判的になっているからこそ、他人に虚勢をはってしまうのである。ありのままの自分にもし他人が批判的であっても、自分はやさしくしようと決心し、それを実行できていれば、だいたい虚勢をはる必要がない。

普通にしていられないのは、何かそうしなければいられない心の必要があるからであろう。

うぬぼれているように見える人も同じである。うぬぼれている人は心の底では何かを恐れているのである。心の底では何かを恐れているから新しいことに挑戦的になれないし、自分の世界を広げることもできないのである。

そして質量ともに狭い住みなれた自分の世界で、一人で得意になっているのがうぬぼれた人である。うぬぼれた人は臆病な人なのである。そして卑怯な人でもある。つまりうぬぼれた人は我執の人である。

我執の人というのは、臆病で卑怯で、支配的な人のことであろう。自分にやさしい人は臆病になる必要がない。何かに失敗してもそのことで自分を責めたりしないからである。

愛情欲求が満たされず自分に批判的な人が何かと失敗を恐れるのである。そういう人が自分の失敗に批判的になる。従って何かに挑戦的に生きることは難しい。どうしても臆病になってしまう。

小さい頃愛情欲求を満たされることなくすごした人は、自分は自分の第一の理解者であろうと本気で決意することである。本気で自分にやさしくなろうとすることである。

これは本気でなければ効果はない。なぜなら本気でないと、それはうぬぼれになり、虚勢になるからである。

心の底で自分にやさしくなれていないと、やはり他人が自分をどう評価するかということが気になって、ついつい虚勢をはってしまう。

日常生活で自分にやさしくすること、日常生活で自分をよく世話すること、日常生活で自分が自分に甘えることを許すこと、日常生活で自分のめんどうをよく見ることを忘れないことである。

日常生活で疲れた時、無理に笑顔をふりまいて立派そうにすることはないのである。そんな時、〝疲れているんだろ、少し一人で休んだら〟とでも〝疲れているんだろ、一緒にいたければ、何も気にしないで一緒にいていいんだよ〟と自分にいいきかせることであろう。

疲れた自分にやさしい感じのする服があれば、それを着ることを自分に許すことである。人に気にいられるための服など着る必要はどこにもない。そんなに他人の眼を気にしてみたところで、他人が自分の人生に責任をとってくれるわけではない。

最終的には自分が自分の人生の責任をとらなければならない。他人の期待にかなおうとどんなに勤勉に頑張ってみても、その人達が自分の心の底の虚無を満たしてくれるわけではない。

自分にやさしく

小さい頃の満たされない愛情欲求を大人になってもひきずって、他人の眼を気にして生きている、この苦しんでいるあなたに何かを期待する人など、決して、決してあなたの心の底を満たしてなどくれない。すさんだあなたの心を、あなたへの期待でさらにすさんだものにするだけの話である。

他人の期待にこたえられないのが恐くてあなたは勤勉に頑張っている。それが何よりもあなたが愛情欲求不満である証拠だ。愛情欲求不満でない人も、他人の期待にこたえようと勤勉に頑張る時がある。しかしそれは期待にこたえられないことが恐いからではない。それはあくまで他人への愛情である。

愛されなかった者は恐れている。

人間の心の不思議である。小さい頃愛された人は、大人になっても自分を愛する。しかし小さい頃愛されなかった人は、大人になっても自分で愛さない。

人間の意志はここでこそ働かせなければならないのではなかろうか。私は小さい頃我執の人達に囲まれて育った。私は愛されなかった。しかし私は私を愛してみせるぞと決断することである。

この決断が心の虚無を満たしていくスタートである。いやもう走りだしている。なぜならそう決断する人は自分の愛情欲求不満のすさまじさに気づいているからである。気づくことがスタートである。

さきに、愛されなかった者は恐れていると書いた。従って次のようにも言える。恐れている者は十分に愛されていない。つまりそのように決断しても、まだ心の底で何かを恐れている人は、その決断と実行が十分ではないのである。

心の底で生きることを恐れている、心の底で他人に悪く思われることを恐れている、心の底で人生はあまりよいものではないと思っている、これらの人はまだ十分に自分にやさしくしていないのである。これらの人は十分に自分をいつくしんでいないのである。

Take care of yourself.

この言葉は小さい頃愛されず、大人になってもその愛情欲求不満をひきずって生きている人には大切な言葉である。

そして自分が自分をいつくしみ、やさしくすれば、自分の周囲で誰が自分にやさしい人なのかも分かる。そして自分にやさしくしてくれる人とも出会える。情緒的に成熟した人は、ある人が自分にやさしくするという行動をとった時それを許す。

愛情欲求不満をひきずって、心の底で自分に批判的になりながら、虚勢をはったり、うぬぼれていたりすると、いつになっても心やさしい人と出会えない。

心の底では自分に批判的なのに、いや批判的だからこそ表面は虚勢をはる。この人は、心の底で自分をどう感じているかといえば、自分はつまらない人間だと感じている。しかし他人と自分の前にはそれと違った自分を示そうとする。

心の底で実際に感じている自分と、他人に対してよそおう自分とが違う人というのは、他人と親しくなれない。他人と付き合うことで最終的には自分で自分を犠牲にし、同時に他人をも犠牲にする。そのような人達は一緒にいる時、どんなに笑い声で話しあっていても、最終的にはお互いに不快な感情を持ってその場の交流を終る。

それは「よそおう自分」と「よそおう自分」との付き合いで、「実際に感じている自分」と「実際に感じている自分」との付き合いではないからである。

このような交流をどんなにしても、その人の愛情欲求は満たされるものではない。「よそおう自分」と「よそおう自分」との交流ははじめは表面的にすごくうまくいくことがよくある。しかしお互いに「実際に感じている自分」は隠しているのだから交流はいつになっても深まらない。そして最終的にはお互いに傷つけあって終ることがほとんどなのである。

あとがき

どのように生きてよいか分からなくなって、「救ってくれ！」と心の中で叫ぶ人がいる。どうしても何かに追われているようで、自分でも自分をどうしようもできなくなることがある。そんな時人々は心の底で思わず「救ってくれ！」と叫ぶ。救ってくれ！と叫んでいる者は、実は心の底の底では満たしてくれ！と叫んでいるのである。救ってくれ！というのはあくまでも意識のレベルでの叫びである。救ってくれ！と叫んでいる者は、まだ実際の自分に気がついていないに違いない。

なぜ自分にとって生きることがそんなにも辛いことなのか、まだその人は分かっていないのである。小さい頃の甘えの欲求を満たされた者にとって、生きることは苦しいこともあるが、そんなに難しく複雑なことではない。満たされた者にとっては生きることは苦しかったり楽しかったりするが、どう生きてよいか分からないということはない。

救ってくれ！　と叫んでいる者は、どう生きてよいか分からないのである。「これ」で生きていけるという何かを求めているのである。心の満たされた者にとっては、「これ」で生きていけるというような「これ」を必要とはしない。

この本を読んで、自分の何が満たされていなかったのかということに気づいてくれればそれで十分である。

『愛されなかった時どう生きるか』につづいて、本書は私にとってＰＨＰからの二冊目の書きおろしである。

前回につづいてこれを本にまとめるについては、出版部の福島広司君にお世話になった。紙面を通して感謝の意を表したい。

加藤　諦三

著者紹介
加藤諦三（かとう　たいぞう）
1938年、東京に生まれる。東京大学教養学部教養学科を経て、同大学院社会学研究科修士課程を修了。1973年以来、度々、ハーヴァード大学研究員をつとめる。現在、早稲田大学名誉教授、ハーヴァード大学ライシャワー研究所准研究員、日本精神衛生学会顧問、ニッポン放送系ラジオ番組「テレフォン人生相談」レギュラーパーソナリティ。
著書に『自分が「たまらないほど好き」になる本』（翻訳／三笠書房）、『ココロが壊れないための「精神分析論」』（宝島社）、『どうしても「許せない」人』（ベストセラーズ）、『たくましい人』『好かれる人』『だれにでも「いい顔」をしてしまう人』（以上、ＰＨＰ研究所）、『「やさしさ」と「冷たさ」の心理』『心の休ませ方』『自分のうけいれ方』『不安のしずめ方』（以上、ＰＨＰ文庫）など多数。
【ホームページアドレス】http://www.katotaizo.com/

この作品は、1987年４月にＰＨＰ研究所より刊行された。

PHP文庫　自分に気づく心理学
幸せになれる人・なれない人

2000年5月15日　第1版第1刷
2023年9月4日　第1版第59刷

著　者　加藤諦三
発行者　永田貴之
発行所　株式会社ＰＨＰ研究所
東京本部　〒135-8137 江東区豊洲5-6-52
ビジネス・教養出版部　☎03-3520-9617(編集)
普及部　☎03-3520-9630(販売)
京都本部　〒601-8411 京都市南区西九条北ノ内町11
PHP INTERFACE　https://www.php.co.jp/
印刷所
製本所　図書印刷株式会社

ISBN978-4-569-57400-4

PHP文庫

「思いやり」の心理

自分が大きくなる人間関係の方法

加藤諦三 著

心の葛藤はなぜ引き起こされるのか。それは自分を不幸にするような人とつきあうからである。本書は、心の不安を解消し自分の可能性を開く人間関係のあり方を説く。

PHP文庫

「やさしさ」と「冷たさ」の心理

自分の成長に〝大切な人〟を間違えるな

加藤諦三 著

あなたが自信を持てないのは、つき合うべき人を間違えているからだ。本書は、あなたを受容してくれる「やさしい人」をどう見分けたらよいか、人間の見方を助言する。

PHP文庫

「不機嫌」と「甘え」の心理

なぜ人は素直になれないのか

加藤諦三 著

理由もなく不機嫌になるのは、相手に愛情を求め、甘えているからだ。本書は、不機嫌と甘えの関係をわかりやすく解説した好著である。

PHP文庫

「あなたを傷つける人」の心理

きずな喪失症候群

加藤諦三 著

あなたのまじめさを踏みにじる「きずな喪失症候群」の人との決別こそ、幸せの第一歩。心を失った人生の虚しさと恐ろしさを説く幸福論。

PHP文庫

がんばりすぎてしまう心理

加藤諦三 著

なぜ〝一生懸命〟がカラ回りするんだろう?――「あれも、これも」と欲張る人、焦る人の心理に迫り、心をすり減らさない生き方を開陳。

PHP文庫

心の休ませ方

「つらい時」をやり過ごす心理学

加藤諦三 著

人生には頑張る時と、休む時がある。生きることに疲れたら、どうすべきなのか？ 多くの人をホッとさせたベストセラー、待望の文庫化。

PHP文庫

自分のうけいれ方

競争社会のメンタルヘルス

加藤諦三 著

人は生き始めるスタートラインが違っている。――「自分ばかりソンしている」と思ったら読んでほしい、人生に立ち向かうための心理学。

PHP文庫

不安のしずめ方

人生に疲れきる前に読む心理学

加藤諦三 著

人生最大の敵は、「不安」である。――心を消耗させる「不安」の原因と対処法を明かす、人生の危機管理の本。きっと今よりラクになる！

PHP文庫

生きがいの創造

〝生まれ変わりの科学〟が人生を変える

飯田史彦 著

〝生まれ変わりの科学〟に対する知識が深まるほど、「生きる事の真の意味」が理解できる。多くの人の人生観を変えたベストセラー。